探路
乡村振兴

TANLU
XIANGCUN
ZHENXING

解读美丽乡村"安吉模式"

任强军 著

浙江人民出版社

▲鲁家村裘丽琴主任代表浙江"千万工程"在联合国领奖并发言

▲财政资金、金融资金和工商资本共同助推合作经济

▲ 远眺徐村湾村

▲ 依山傍水的吴昌硕故里——鄣吴镇鄣吴村

▲ 仙龙峡漂流，让"绿水青山"造福乡里

▲ 碧门村创成示范村后，年轻人回乡开了六十多家电商，村里又搞起了电商服务

▲尚书垓村的土灶台成了城里人周末的抢手货

▲"伴花山宿"乡村民宿

▲ 黄杜村安吉白茶的绿色生产

▲ 刘家塘村致力于打造慢生活村庄，在通往狮子石自然村的村道，虽然道路不宽，但也设置了慢行系统

▲大竹园村把土地从村民手中流转过来,由蔬香大地公司统一经营,规模化种植有机蔬菜,还开发了休闲旅游项目

▲灵峰街道横山坞村从工业园区搬迁出来的农房,没有要求全部上楼,也没有整齐划一地建房,而是错落有致地建成了"别墅区",户均占用土地面积下降一半以上

▲ 早期，为了把村庄里的生活垃圾收集干净，县里规定，每 100 米不得少于一个垃圾桶，便于村民投放垃圾

▲ 生态河道建设是美丽乡村的一个重要内容，在满足防洪、灌溉等水利需求的同时，也要满足生态功能、游憩功能和生活便利

▲山川乡高家堂村的村民文化活动

▲上墅乡龙王村的手工造纸文化园

（以上图片由安吉县摄影家协会和农业农村局提供）

序　言

顾益康

2003 年，时任浙江省委书记习近平亲自发起和推动了"千村示范、万村整治"工程（以下简称"千万工程"），浙江农村人居环境改善和"三农"发展迎来了前所未有的历史机遇。2005 年 8 月 15 日，习近平同志在安吉县余村考察时，首次提出了"绿水青山就是金山银山"的科学论断。2015 年 2 月，习近平总书记又叮嘱湖州，要照着"绿水青山就是金山银山"这条路走下去。① 2020 年 3 月 30 日，习近平总书记再次亲临安吉县余村考察调研，强调指出，生态本身就是经济，保护生态就是发展生产力。② 10 多年来，"千万工程"和"两山"理念深度影响着我们的发展观念，成为浙江"干在实处、走在前列"③ 的指路明灯。

理念源于实践，理念指导实践，又在实践中证明自己。作

---

① 徐峻. 浙江安吉：绿水青山换来金山银山 ［N］. 浙江日报，2015 - 04 - 01.
② 郝栋. 保护生态就是发展生产力 ［N］. 光明日报，2020 - 04 - 03.
③ 习近平. 干在实处　走在前列——推进浙江新发展的思考与实践 ［M］. 北京：中共中央党校出版社，2006.

为"两山"理念发源地的安吉县，10多年来，始终牢记嘱托，不忘使命，在生态发展的道路上进行着持续不断的、积极有效的实践探索。这些实践和探索，尤以"中国美丽乡村"建设取得的成效和意义最为重大。

2008年，安吉县开始建设"中国美丽乡村"，到2012年底，全县95.7%的行政村完成了首轮美丽乡村创建；到2016年底，全县所有的1000多个规划保留自然村全部完成了村庄环境整治提升。美丽乡村建设让安吉的乡村面貌发生了翻天覆地的变化，不仅极大地改善了人居环境，还引发了乡村产业的大发展、文化生活的大变革、村民素质的大提升，最重要的是培养了一大批德才兼备的懂农业、爱农村、爱农民的新时代"三农"干部。"美丽乡村"和"两山"理念发源地作为安吉的两张新名片，早已成为安吉发展最核心的竞争力，是推动安吉经济社会发展的重要引擎。10多年来，安吉县先后成为中国首个生态县、首个以农村为主体的联合国人居奖获得县；安吉县美丽乡村建设标准相继成为省级标准和国家标准。2019年9月，安吉县成为浙江省县域践行"两山"理念综合改革创新示范区。

安吉县的美丽乡村建设，是"千万工程"在基层的制度创新和发展，是乡村振兴在基层的有效探索和实践。"千万工程"，村庄人居环境是基础，全面小康生活是目的。到2008年，浙江全省的农村人居环境得到了极大的改善，怎样才能更好地实施好这一工程，让广大农村也实现全面小康呢？安吉县的美丽乡村建设就是一个极好的载体。安吉县美丽乡村的创建要求，从一开始就是"村村优美、家家创业、处处和谐、人人幸福"4个方面，而不是简单地改善农村人居环境。从这 4 个方面延伸出来的 45 项指标来看，这是一套内外兼修的整体要求，已基本包括"全面小康"的各项要求，目的是推动农村实现物质文明、精神文明、生态文明、政治文明、社会文明的全面发展。而这样的要求又恰恰与现在乡村振兴战略的"产业兴旺、生态宜居、乡风文明、治理有效、生活富裕"的要求十分吻合。而且，通过把这些要求转化为 45 项看得见、摸得着的指标以后，"全面小康"和"乡村振兴"就变得十分鲜活与可操作。安吉县美丽乡村的实践过程和创建成效，不仅让安吉的农民获益，还为全国各地实施乡村振兴提供了一套可复制、可参考的成功模式，也证明了乡村振兴可以实现、乡村振兴可以在经济并不十分发达的地区率先实现、乡村振兴可以助推县域经济实现"弯道超车"。这是安吉县的美丽乡村建设为全国乡村振兴事业作出的重大贡献。

安吉县的美丽乡村建设坚持共建共享，政府财政资金是引导资金，能够带动 5 倍的建设资金用于完善村庄人居环境，进一步带动 100 倍的工商资本发展乡村产业；坚持党建引领，把干部队伍建设放在第一位，培养造就了一大批以村党组织书记为代表的优秀的"三农"干部，让干部带着群众干；坚持村为主体，村里的事情让村民定，定好以后村民自己干，所有的建设项目都是为村民的生产、生活服务的，反对形式主义和形象工程，不搞包办代替；坚持齐抓共管，县级机关各个部门在美丽乡村建设过程中都有自己的职责和任务，要帮助指导好各村做好各项工作。所有这些经验，都有极大的推广价值。

任强军同志长期在安吉县的经济战线和政府综合部门工作，非常熟悉经济工作和"三农"工作，2013年以后担任安吉县农办副主任，负责全县美丽乡村建设规划实施、部署指导、考核检查以及乡村振兴战略实施工作。由于对美丽乡村建设事业共同的热爱和投入，我们成为好朋友、好同行。由于他在工作中表现出来的对安吉农民的深厚感情和忘我干劲，我戏称他为安吉的县级农民。强军同志在工作中熟稔运用理论引导、创新驱动和群众路线的工作方法，既注重学习践行习近平总书记关于"三农"工作、美丽乡村建设重要论述和"两山"重要理念，又善于把理论和中央、省市政策转化为安吉可操作性的工作规程和工作举措，还善于发现和总结基层干部和农民群众创造的新经验、新做法，把习近平总书记当年在安吉余村提出的"绿水青山就是金山银山"的"两山"理念贯彻到安吉县美丽乡村建设和经营中去，形成建设美丽乡村、经营美丽乡村、共享美丽乡村的创新思路，成为指导面上工作的新政策、新举措。强军同志是一位非常称职的美丽乡村建设的实践者和指导者，冲在安吉县美丽乡村建设的第一线，既部署全县美丽乡村建设工作又一个村一个村抓具体指导落实。强军同志是安吉美丽乡村和乡村振兴战略经验的创造者和总结者，他和广大的安吉干部群众一起共同创造了独特的安吉美丽乡村建设经验，并运用群众路线方法，与时俱进地总结和不断深化安吉经验，总结提炼了以人居环境为主抓手、行政村为主阵地、以村党组织书记为主心骨的安吉美丽乡村建设模式。任强军同志还是安吉美丽乡村建设经验模式的推广者和传播者，他的安吉美丽乡村建设实操课和"让每一个村书记都成为乡村振兴的行家里手"精品课特别受大家欢迎，他经常成为各级党校、各大专院校、各类美丽乡村和乡村振兴研讨会的座上宾。《探路乡村振兴——解读美丽乡村"安吉模式"》这本专著，也是强军同志推介宣传安吉经验模式的最新尝试。借此机会，我祝愿美丽乡村和乡村振兴的安吉经验、安吉模式不断突破新的高度，也希冀强军同志继续为传播美丽乡村和乡村振兴经验作出新的贡献！

　　以此为序。

　　作者为浙江省文史馆馆员，浙江省乡村振兴研究院首席专家，农业农村部专家咨询委员会专家，浙江省农办原副主任，浙江省人民政府咨询委员会原委员，"三农"发展组原组长。

概　述

一、 安吉县美丽乡村建设历程

安吉县地处浙江省北部，是"绿水青山就是金山银山"理念诞生地，以美丽乡村而闻名。安吉县的美丽乡村建设，大致经历了4个发展阶段。

一是以农村人居环境改善为主要特征的"美丽乡村孕育奠基"阶段。 2003年，时任浙江省委书记习近平亲自谋划、部署和推动了"千村示范、万村整治"工程（以下简称"千万工程"），安吉积极响应，实施了"双十村示范、双百村整治"工程。村庄环境整治工作的主要内容是改厕、改路、改水、改房、改线和环境美化，即农村"五改一化"。

二是以追求"三农"全面进步为主要特征的"美丽乡村初创成型"阶段。 2008年，安吉正式提出建设"中国美丽乡村"，围绕"村村优美、家家创业、处处和谐、人人幸福"的目标和 36 项指标全面开展创建活动。经过 5 年努力，到 2012 年底，全县 95.7% 的行政村完成了首轮美丽乡村创建。同年，安吉县成为中国首个以农村为主体的联合国人居奖获得县。

三是以标准引领样板示范为主要特征的"美丽乡村升级示范"阶段。 2013 年起，安吉以打造美丽乡村全国示范为目标，以精品示范村创建为主要载体开启更高水平的美丽乡村建设。在这个阶段，安吉县美丽乡村建设标准相继成为省级标准和国家标准，"中国美丽乡村"的美名享誉国内外，与"两山"理念诞生地一起成为安吉两张耀眼的新名片。

四是以全面接轨乡村振兴为主要特征的"美丽乡村深化转型"阶段。 2017 年开始，安吉将美丽乡村上升为最美县域战略，在美丽乡村建设中全面对接乡村振兴各要素，把美丽乡村作为坚持绿色发展、实现"两山"转化的重要内容，鼓励发展乡村经营，完善乡村治理。2019 年 9 月，安吉县成为浙江省首个县域践行"两山"理念综合改革创新试验区。

二、 安吉县美丽乡村建设取得的主要成绩

一是改善了人居环境。 21 世纪初的安吉农村，与国内其他农村并无太大区别，污水、垃圾、露天粪坑随处可见，路难走、村难进，交通等基础设施落后，农村一片萧条败落景象。美丽乡村建设从改变不干净、不整洁、不方便、不美观的现象着手，通过修路、拆违、添景、植树、种花、污水和垃圾处理

等一系列工程，实现了村容村貌的华丽变身。

二是引发了产业变革。 到安吉农村游玩、养生、度假的城里人呈井喷式增长，乡村旅游产业链大大延伸，农村一二三产业融合发展初现端倪。2019年，安吉县接待游客2800余万人次，其中乡村游占38%；农村居民人均可支配收入33488元，高于全省平均水平的12%；城乡居民收入比缩小至1.70∶1。全县村均集体经济收入达到400万元，其中经营性收入超过100万元。

三是催生了乡风文明。 通过制定村规民约、筑道德墙、立好人榜、评美丽家庭、出村报、办"村晚"等引导村民移风易俗，告别愚昧落后，追赶文明进步，实现有效治理。许多村庄在乡风文明和治理有效方面不断探索，形成了矛盾纠纷不出村、入夜出门不闭户、禁燃禁放不含糊、婚丧酒席不铺张的文明乡风。2018年9月12日，安吉制定并发布了全国首个乡村治理地方规范。

四是培育了干部队伍。 开展美丽乡村建设以来，各级"三农"干部在"干中学""学中干"，开创了不少建设、管理、经营乡村的办法和举措。一大批村书记、主任成长为建设美丽乡村的一把好手。县相关部门干部在实践中摸索、在总结中提高，成为美丽乡村建设的专家。美丽乡村建设为安吉造就了一支能干事、有情怀的"三农"工作者队伍。

五是重建了干群互信。 以前，一些村的村民对村干部的印象不好、信任不够，揭发、控告村干部的现象屡见不鲜。美丽乡村建设过程中，村干部夜以继日带头干，辛勤付出，让群众真切地感受到党的好干部又回来了，党组织的战斗堡垒作用又凸显了。农村党员干部的口碑好转，重建了干群互信，为乡村振兴打好了群众基础。

六是铸就了县域自信。 长期以来，安吉的经济发展一直落后于浙江平均水平，在以 GDP、招商引资、财政收入等为主要考核指标的环境中，安吉一直是落后者、追赶者。通过高水平的美丽乡村建设，安吉走出了一条与众不同的发展之路，不断收获新成绩，成为走在时代前列的弄潮儿，让安吉人倍感自豪，对前途充满自信。

三、 安吉县美丽乡村建设的关键做法

一是抓住天时，一张蓝图绘到底。 顺应了省委、省政府提出的"千万工程"和"八八战略"决策部署，抓住了发展机遇，及时做出"生态立县"和建设"中国美丽乡村"的战略决策并一以贯之，翻开了安吉发展史上的崭新一页。十几年来，历届县委、县政府顶住各种压力，坚定执着，一届接着一届干，一张蓝图绘到底，终于迎来丰硕的成果。

二是把准地利，村为主体实效好。 牢牢把握省委"八八战略"之要义，找准在长三角都市圈内的定位，坚持错位发展；"村事村办"，使美丽乡村建设符合各村实际，因村制宜，各具特色；"责权利捆绑"，更好地调动村级组织的积极性和创造性，

使行政村更珍惜建设成果；"重心下移"，切实满足村民需求，使美丽乡村建设成为一项民心工程。

三是致力人和，众人拾柴火焰高。 有效地调动各方力量共同推进美丽乡村建设：一是把各部门条线上相关涉农项目进行整合，优先投入创建村，集中力量办大事；二是创建阶段动员各级、各部门力量下村指导，形成工作合力；三是组织村民和乡贤积极投工投劳、捐资捐物、献计献策参与建设；四是积极组织招商引资，引进大量工商资本共建共享。

四、 安吉县美丽乡村建设在乡村振兴时代的重大意义

乡村振兴战略是我们党和国家优先发展农业农村、推动一二三产业融合、加快城乡一体化发展的一项重大国家战略和资源安排。今后相当长时期内，全国各地将按照二十字要求，全面开展乡村振兴工作。在这样的时代背景下，安吉的美丽乡村由于建设内容与乡村振兴的内涵要求高度吻合，且已有 10 年成功经验，其现实意义和历史价值显得尤为重要。

一是为乡村工作提供借鉴。 安吉的美丽乡村建设从 2008 年起就提出了"村村优美、家家创业、处处和谐、人人幸福"的目标，其指标体系涵盖了乡村的物质文明、精神文明、社会文明、政治文明和生态文明各方面要求，与乡村振兴战略"产业兴旺、生态宜居、乡风文明、治理有效、生活富裕"的二十

字要求高度吻合。事实上，这就是"乡村振兴"在安吉的有益探索和实践，其成功的经验和走过的弯路，都是可供各地借鉴的宝贵财富。

二是让"总抓手"变得好操作。 安吉县从 2008 年起，就把代表"三农"先进发展方向的各种要求有效地纳入美丽乡村体系内，让美丽乡村成为"三农"工作的总抓手。在具体行动中，安吉县建立的一套乡村建设和管理标准体系，使"总抓手"便于操作。持续 10 年，一以贯之，已经使安吉乡村发生了巨大的变化，这为各地的乡村振兴提供了便捷的操作方案。

三是为经济薄弱地区赶超发展提供新样板。 以乡村为主体的地区，往往经济发展相对滞后，如何赶超发展，难度很大，安吉也一样。但通过美丽乡村建设，改善了人居环境，提升了美誉度，这些软实力成为安吉发展最宝贵的财富和核心竞争力，使安吉有望在地区竞争中脱颖而出。这为县域发展提供了新的成功范例。

第一讲
美丽乡村"安吉模式"的主要特征

习近平总书记指出，浙江省 15 年间久久为功，扎实推进"千村示范、万村整治"工程，造就了万千美丽乡村。① 2008年，为了深入实施"千万工程"，践行习近平总书记"绿水青山就是金山银山"理念，安吉人首创"中国美丽乡村"。2015 年，安吉人领衔制定了"美丽乡村国家标准"。

通过美丽乡村建设，安吉的乡村发生了翻天覆地的变化，安吉的经济实现了跨越式发展，美丽乡村"安吉模式"得到了广泛的认可，吸引全国各地考察团前来参观学习。那么，美丽乡村"安吉模式"到底是一种怎么样的模式，它的特色做法有哪些呢？

安吉县"中国美丽乡村"精品示范村创建，是安吉县美丽乡村建设的代表做法，我们先来看看这项创建的原则要求：

---

① 改革开放与中国城市发展（中卷）［M］. 北京：人民出版社，2018：503.

一是坚持"产业兴旺、生态宜居、乡风文明、治理有效、生活幸福"总要求，确保美丽乡村全面健康可持续发展；

二是坚持政府主导、整合资源、村为主体、群众支持、社会各界和工商资本广泛参与，共建共享美丽乡村；

三是坚持"一村一业、一村一品、一村一景、一村一韵"，使美丽乡村特色鲜明、错位发展、优势互补；

四是坚持示范引领、循序渐进，巩固一批、创建一批、培育一批，不断完善和创新示范模式，相互学习，滚动发展；

五是坚持高水平规划设计、高质量建设施工、高标准长效管理，确保村庄环境建设和管理水平一流；

六是坚持"公开、公平、公正"的原则，细化量化考核评分细则，科学规范设置考核程序，使考核工作获得各方认可。

这6项原则要求，决定了安吉的美丽乡村建设其实就是按照"乡村振兴"的要求来做的。简而言之，美丽乡村"安吉模式"就是在政府主导下，运用市场机制，突出"人"的作用，建设美丽乡村，快速高效实现"乡村振兴"的一种模式。最重要的做法是：以村为主体，让村书记成为振兴乡村的行家里手；注重共建共营共享，发挥财政资金的最大效用；把握好改善农村人居环境这一关键，坚持全面进步和可持续发展。

一、 十分注重发挥好以村书记为代表的各级干部的作用

习近平总书记在党的十九大报告中指出，加强农村基层基

础工作，健全自治、法治、德治相结合的乡村治理体系。培养造就一支懂农业、爱农村、爱农民的"三农"工作队伍。[①] 我们认为，首要任务是培养打造一支德才兼备的村书记队伍。

乡村振兴要以村民为主体，也就是"村里的事要让村民们自己去定、自己去做"。村民只有在村"两委"的带领下，组织起来以后，才能发挥好主体作用；村"两委"能否发挥好战斗堡垒作用，村书记是最关键的角色。安吉县美丽乡村建设在体制机制上的设计，始终围绕如何完善和加强组织建设、培养锻炼以村书记为代表的"人"的能力水平、强化"村为主体"展开。

在美丽乡村创建过程中，无论是工程建设、环境整治、经济建设、文化建设，还是乡村"三治"融合建设，包括做什么、怎么做，都是在上级党委、政府及各职能部门的帮助指导下，由村里自己决定，由村"两委"带着全体村民一起来实施的。比如说，文化大礼堂要不要建，是新建还是改建，建多大，"五线"要不要下地，哪些地方要下地，哪些地方要整理，道路修多宽，路灯装几盏，都由村里自己决定。哪些活由村里出面统一做，哪些活由村民自己做，哪些活由村集体和村民共同做，所有这些问题，也都由村里和村民商量着定，县里面不会来干预，但会设法做好引导和规范工作。

那么，怎样引导和规范村里做好这些事呢？

---

① 习近平.决胜全面建成小康社会　夺取新时代中国特色社会主义伟大胜利——在中国共产党第十九次全国代表大会上的报告［M］北京：人民出版社，2017：32.

第一，县里规定，村庄环境整治提升的规划设计团队进场以后，村主要领导要全程参与，对于村庄怎么建、怎么改、怎样才能建出特色和亮点，村书记要有主见、要有思路，要听取方方面面的意见和建议；规定规划设计方案必须经过村民代表和乡贤大会讨论，经过乡镇政府评审修改，县规划部门组织相关部门的评审同意，再由村民代表大会通过，方可组织实施。村书记们带领大家走好了这套程序，就能基本保证方案的科学合理。

第二，县新农村建设领导小组每年都要研究修订美丽乡村建设考核办法，这个办法对诸如"有没有文化大礼堂、档次怎么样、'五线'下地或整理的效果应该怎么样"等几乎所有的基础设施和公共服务设施等人居环境方面的建设都有规定和评价办法，对乡村的文化建设、产业发展、组织建设和生态建设也都有建设和评价办法，好坏给分是不一样的，而这些"分"其实就是"钱"和"荣誉"，你要不要、要多要少完全由村里自己定，县里的考核以综合结果论英雄，满分是 1000 分，总得分达到 950 分，就授予一等奖；达到 900 分，就授予二等奖。县里分别进行表彰，并给予不同的资金奖补。在这个考核办法的指挥下，就能基本保证创建工作的全面性。

第三，村里的工程建设项目，如果是村里出面做的，或者是村里和村民一起做的，那就是公建项目，就必须按公建项目的程序和相关要求来，不得违规；建设过程中，必须遵守土地、规划等各项法律法规，不得违反。村里是建设主体，就是责任主体，所有这些，村书记都清楚了，就能基本保证工作责任的落实。

正因为以村为主体，让"一家做"变成了"大家做"，全县187个村就是187个创建主体，也是187个责任主体。如果每个村每年建一个自然村，全县每年就可以建187个自然村，全县1000多个规划保留自然村不到10年就可以完成了。反之，如果觉得村里不堪大任，或者对村干部的能力水平不放心，而由县里某个部门或乡镇政府作为建设主体，包办代替搞乡村建设的话，是干不过来的。

正因为以村为主体，最能理解村民的所需所想，建设的每一项基础设施和公共服务实施才能满足村民的意愿和需求，才能为村民的生产、生活提供更好的服务，才能有效避免形象工程。村民会欢迎这样的项目，建设过程中也会大力支持，甚至愿意投工投劳参与建设，工程推进就会取得事半功倍的效果，让"一分钱"干出"两分钱"的活来。

正因为以村为主体，村书记和村干部们承担了主要责任，他们必须对所有创建工作都有研究，上级各个部门的各项工作要求都要懂个八九不离十，各个部门有哪些支农项目，是怎样的政策要求，都要不断去研究，项目建设有什么程序和规范也要注意遵守，如果不懂就要马上去学习。一两年干下来，村书记们一个个都成了专家，无论是在政治、经济、社会、文化、卫生、建设、环保、经营、管理等方面，比原先、比一般的党政干部都要懂得多。在这样的体制机制下，让这样的干部来继续带领村民建设我们的村庄，就很让人放心。

正因为以村为主体，村民参与了村庄的建设与发展，就会不断思考"自家能干什么"。随着村庄的发展，很多村民找到了自家的发展途径并取得了不错的成绩，今后就会更加关心支持村里的工作，村集体和村民之间会形成良性互动的关系。对广大村干部特别是村书记们来说，这么多、这么大的成就都是村民们世世代代梦寐以求的，又恰恰是自己带着大家干出来的，这是何等的荣耀，多大的成就感啊！对村庄的前景充满希望，对今后的工作充满信心，村庄就会生发出强大的内生动力。

二、 让有限的财政资金发挥好杠杆作用

美丽乡村建设是一项系统工程，需要整合好方方面面的资源才能见效，地方党委、政府能够调动的重要资源有行政资源、资金资源和土地资源等。只有把这些资源要素整合好了，地方政府的财政引导资金才能发挥好杠杆作用，才能显现出花小钱办大事、少花钱多办事的效果。

一是整合行政资源。 美丽乡村作为推进"三农"工作的总抓手，特别是农村和农民工作，涉及经济、社会的方方面面，必须由各级、各部门齐抓共管。

就拿农村人居环境整治这一方面工作来说，安吉县参与的部门就很多：村庄布局与农民建房由规划、住建、国土等部门负责；交通部门负责把道路修成景观公路、等级公路；水利部

门负责把河道整成生态河道、水环境优美村庄；林业部门负责森林村庄、森林彩化；农业部门负责美丽田园；妇联负责美丽庭院、美丽家庭；教育部门要落实好托儿所、幼儿园；卫生部门要落实好医疗卫生服务站；宣传文化部门落实好文化礼堂、数字影院；体育部门落实好篮球场、健身路径等。数十个部门都在分头抓。

乡村振兴的其他 4 个方面的工作也是一样的。

事实上，安吉县委、县政府早就把全县所有的党政部门都拖到"美丽乡村"这艘"大船"上来了。当然，也不是所有的部门都会很自觉地来领任务、找事干，一开始的时候，需要县委、县政府的主要领导亲自抓，而且要持续不断地抓一段时间。

在乡镇层面，县里把美丽乡村工作列为乡镇党委、政府的中心工作之一，实施强有力的督查和考核，渐渐地，乡镇街道也能像县里一样形成合力了。

二是整合资金、资源。任何地方，无论财政多有钱，也总会不够用。改善农村人居环境、乡村产业发展都是要花大钱的，特别是改善农村人居环境方面的投入一般是公益性的，一般需要公共资金，可能主要还要依靠财政资金来解决，但财政资金又分散在各级政府、各个部门手中，怎么才能整合，怎么才能带动社会资金投入呢？

在安吉的美丽乡村建设过程中，由于坚持了"村为主体"，特别是注重培养村书记的能力水平，有效调动了各方的积极性，整合建设资金和经营资本都显得相对容易。

在筹措农村人居环境整治资金方面。以安吉县第二轮的 55 个美丽乡村精品示范村的环境建设资金构成为例：平均每个村投入约 3000 万元，其中县财政的奖补资金平均约 600 万元；其他资金来源于县级以上支农项目、乡镇街道配套投入、村集体积累投入、村民和乡贤的投入以及工商资本的共建投入。县级财政资金的直接撬动比例为 1∶5。这样，才能使村里不会因创建增加债务，村庄发展就更健康。具体的资金筹措办法将在后面的章节中详细介绍。

在引入经营资金方面，也是八仙过海，各显神通。有些村集体把村里的资源转化为资本、把村庄建设的投入转化为资本，招引工商资本进村一起发展；有些村庄争取政策性金融资金、帮扶资金做大村集体经营性资产，以获得资产性收入。

通过美丽乡村建设，村庄环境变得干净、整洁、安全、便捷了，村民的素质提高了，村庄的亲商环境、人文环境更好了，村民和工商资本的投资信心就会大大提高。到 2018 年底，落户到安吉县已通过创建验收的 44 个示范村的工商资本实际投资就已达 265 亿元。

各类金融机构对村集体和乡村产业的贷款信心和积极性大大提高，国家开发银行、中国农业发展银行等政策性银行纷纷抛出橄榄枝；10 多家商业银行竞相向村集体、农户放贷。据了解，截至 2019 年 8 月，仅安吉农商银行一家的涉农贷款余额就达 169 亿元。当然，许多地方是需要政府做些牵线搭桥工作的，也是需要金融机构解放思想、主动担当的。

三是整合土地资源。 土地要素是制约因素还是发展资源，完全看如何整合利用。安吉县在村庄人居环境建设过程中，需要增添很多基础设施和公共服务设施，都需要建设用地，这些土地主要通过土地整理、盘活闲置房产土地等办法获得，而不是依靠新增建设用地总量。

村庄拆并和土地整理是获得土地的主要渠道。城市化是一种发展趋势，人口向城市集中还远没有结束，乡村振兴和城市化是互促共进的关系。一些偏远的、地质灾害区的、生态保护区的、项目建设区的村落和散户，以及许多常住人口过少、没有可能也无必要恢复人气的"空心村"，应该规划为"不予保留"，逐步搬迁安置。通过调整规划，就可以腾出大量用地指标和建设空间。这些指标和空间一部分可以用于发展中心村庄规模、用于乡村基础设施和公共服务设施建设，还能节约出很大一部分用于支持城市和工业园区建设，如果有用不完的，还可以交易变现，作为乡村建设资金。

农村居民住宅面积大，农户自住有余；农村还有一些国有的、集体的闲置房产，在处理好所有权或者使用权关系以后就能使用。安吉县在乡村投资 5000 万元以下的休闲旅游类项目，基本上要依靠盘活存量房屋和土地搞建设。

三、 美丽乡村除了"美丽"还要内外兼修全面发展

安吉县美丽乡村建设，从一开始就不只是为了改善环境，

而是追求全面、健康、可持续的乡村发展。村庄环境基本实现干净、整洁、安全、便捷，"生态宜居"就初步实现了，但也只能算是完成了美丽乡村创建任务的一小部分，这个比例在 2008 年占 45％，到了 2019 年就只占 21.5％了。安吉美丽乡村"村村优美、家家创业、处处和谐、人人幸福"十六个字的内在要求和标准体系，和乡村振兴"产业兴旺、生态宜居、乡风文明、治理有效、生活富裕"的总要求非常吻合，都是"内外兼修""全面发展"的要求。只有用这样的要求和理念打造出来的村庄才是可以持续的，才能不断实现自我发展。安吉的 10 多年美丽乡村实践，尤其是 2013 年起创建的 55 个成功的美丽乡村精品示范村案例，充分证明了这一点。

只有当村庄环境变美了，村民变富了，村民才会说好。只有乡村治理水平高了，村干部一心为村里着想了，村民才会说村干部好，才会心甘情愿地帮村干部出主意想办法，才会愿意出资出力和村干部们一起干。同样，只有当村民真心地说我们村干部当得好的时候，村干部才会有真正的成就感、获得感，才会有动力不断地动脑筋、想办法为村庄谋发展。安吉的美丽乡村，特别是精品示范村，每一个村庄面貌都发生了翻天覆地的变化，村民收入不断增加，村集体经济快速壮大，乡村的文化、教育、卫生等事业日新月异，干部处处为村民着想，能力水平大大提高，干群关系极大改善，村庄已真正步入良性发展轨道。每到一个村，你都会充分地感受到村民对美丽乡村真诚的赞誉，干部对村庄发展的各种思路和急迫心情，感受到处处充满着的正能量。这样的村庄，会自下而上、由内而外生发出强大的发展动力，不需要上级党委、政府再给予太多关注，就能实现自我发展。

始终坚持内外兼修、全面发展，注重激发内生动力，是安吉美丽乡村创建的一大特色和亮点，是深化落实浙江省委、省政府"千万工程"在体制机制上的创新和发展，也是实践乡村振兴在工作内容和方法上的有益探索。

当我们翻开 2003 年浙江"千万工程"有关文件，会惊讶地发现，当初对"千村示范"即"全面小康示范村"的要求，居然与现在乡村振兴战略的二十字总要求基本一致。由此可见，乡村振兴的战略思想，早在 2003 年习近平担任浙江省委书记期间就已经萌发了。但是，1000 个全面小康示范村，相对于全省近 3 万个村来说，毕竟只是"星星点点"。而正是安吉县，于 2008 年创建了"中国美丽乡村"这一载体，把农村的物质文明、精神文明、政治文明、生态文明、社会文明五大文明一起装到这个"篮子"里，把它作为"三农"工作的总抓手，全县所有部门分工协作、齐抓共管，一以贯之地抓了 10 多年，才使全县所有的村庄、所有的农户都不同程度受益，才使全县的美丽乡村或者说乡村振兴抓出了一定的成效，成为全国的典范。所有这些，都证明了"内外兼修"抓好乡村工作的重要性，也证明了乡村振兴战略二十字总要求的科学性、正确性和可行性。

第二讲
美丽乡村"安吉模式"的发展历程

安吉县的美丽乡村建设是从 2008 年开始的。那个时候，全国各地都在大力推进城市化，经济建设的主战场是工业园区、招商引资、房地产、城市 CBD 等，衡量各级党委、政府领导政绩的最主要指标还是 GDP 和外商投资额，搞"美丽乡村"简直是"不务正业"。那么，安吉县的领导是怎么想的，安吉为什么要搞美丽乡村，10 多年来搞得怎么样呢？

其实，这和习近平总书记在浙江担任省委书记期间倡导的"八八战略"、生态省建设、"千万工程"以及"绿水青山就是金山银山"理念有着密不可分的关系。

我们要从安吉的地理位置、生态地位和经济社会基础说起。

一、 安吉县美丽乡村建设的四个发展阶段

安吉县地处浙江省北部，西面与安徽省接壤，是太湖流域

重点源头地区。县域面积 1886 平方公里，七山一水二分田，设 8 镇 3 乡 4 街道，设有 1 个省级经济技术开发区和 1 个国家级旅游度假区，39 个社区居委会和 169 个村委会，其中以乡村事务为主的村（社区）共有 187 个。全县户籍人口 46 万人，常住人口 65 万人。县域森林覆盖率 71%，出境水质常年保持在 Ⅱ 类以上。2019 年 GDP 为 470 亿元，三次产业比重为 5.9：45.1：49，财政收入 90 亿元，城镇居民人均收入 56954 元，农民人均可支配收入 33488 元，城乡居民收入比为 1.70：1 。

虽然地处长三角区域的地理中心，但由于区位原因，安吉一直是浙江省经济发展的一个边缘地区。境内的第一条高等级公路，即通往省会杭州的一级公路直到 2004 年才开通，第一条高速公路 2012 年才开通，至今仍未开通铁路，也没有民用机场。尽管安吉人很努力，但由于受制于相对滞后的交通基础设施，以及太湖、黄浦江源头生态保护需要等原因，安吉的经济发展水平长期落后于周边的浙江其他县市。招商引资的难度也很大。

进入 21 世纪，安吉县委、县政府开始重新审视安吉发展的困难和优势，认为安吉最大的问题是交通不便和工业基础薄弱，最大的优势在于生态环境好。安吉的赶超发展之路，短期内不可能是工业经济、GDP 和财政收入，而是必须进一步做优生态并依托生态优势实施绿色发展，才有可能在发展竞争中争取主动。

2001 年，安吉县创新性地提出"生态立县"发展战略，致力于保护生态环境，发展生态经济，弘扬生态文明。2001 年初，县委、县政府就发布了《关于"生态立县——生态经济强县"的实施意见》。2003 年，安吉县人大作出了关于设立全国首个生态日的决议，确定每年 3 月 25 日为全县人民的"生态日"。

几乎与此同时，2002 年党的十六大提出统筹城乡发展的决策，浙江省委发出建设生态省的号召，2003 年，湖州市在对党政干部的绩效考核中率先取消"GDP 挂帅"。

安吉坚持"生态立县""生态经济强县"的信心主要来源于省委、省政府。2003 年 1 月，浙江省成为全国第五个"生态省"建设试点省。由时任省委书记习近平亲自倡导、亲自谋划、亲自调研、亲自推动的"千村示范、万村整治"工程开始实施，计划用 5 年时间，对全省 1 万个村庄的环境进行全面整治，并把其中的 1000 个中心村建设成为全面小康示范村。2003 年 6 月，浙江省首个"千万工程"现场会在安吉召开。

2003 年 7 月，浙江省委提出在全省发挥八个方面的优势，推进八项工作举措的"八八战略"，把广大乡村建设成为村容整洁、村强民富的新农村成为上下一致的共同期盼。2005 年 8 月 15 日，时任浙江省委书记习近平到安吉县调研基层民主法制建设，在天荒坪镇余村，首次提出"绿水青山就是金山银山"理念，这是对安吉县生态文明建设的充分肯定，更加坚定了县委、县政府的信心和决心。

2007 年，时任浙江省委常委、常务副省长陈敏尔来安吉蹲点调研，在谈到"三农"工作时，他指出，安吉就应该把全县近 200 个村庄都建得漂漂亮亮，应该制定一个长期的规划，坚持 20 年，一任接着一任干，把安吉乡村建设成为中国最美丽的乡村。

为此，县委、县政府开展了广泛深入的调查研究，思路渐渐明晰：发挥生态优势，扬长补短，争取用 10 年时间，把安吉的农村建设成为"村村优美、家家创业、处处和谐、人人幸福"的"中国美丽乡村"。从此，安吉县美丽乡村建设走上了一条规范化、系统化、全域化的创建发展道路。

具体可分为 4 个阶段：

第一阶段，从 2003 年到 2007 年，以农村人居环境改善为主要特征的"美丽乡村孕育奠基"阶段。

2003 年，浙江省开始实施"千万工程"，安吉县积极响应号召，开始实施"双十村示范、双百村整治"工程，安吉县的"双百村"占了当时全县行政村总数的 90%，这是一个自加压力的目标。

村庄整治的主要内容是改厕、改路、改水、改房、改线和环境美化，即农村环境"五改一化"。现在回头看，我们会发现，15 年前开始实施的"千万工程"，对后来的美丽乡村建设产生了积极而深远的影响，其中影响最大的当属农村环境卫生的治理和乡村道路等基础设施向农村的全面延伸。

2002 年底，安吉县提出了"户集、村收、乡中转、县处理"的农村生活垃圾处理模式，即农户家庭产生的生活垃圾，由农户自己投放到离家不远的垃圾桶或垃圾池中，村里安排人员及时清运到乡镇垃圾中转站，乡镇负责从中转站运送到县里集中处理，乡村公共场所的环境卫生则由村里安排专人清扫。为了搞好这项工作，县里做出了许多具体规定，包括村庄内部每100米不能少于一个垃圾桶，每100户不能少于一个环卫人员等。经过3年努力，安吉乡村的环境卫生状况发生了根本性的好转。

事实证明，这是一项十分重要的农村人居环境基础工程。村庄干净整洁了，村民的生活环境就舒适了，外来人员也赞不绝口，村民倍感有面子，村民的良好卫生习惯就逐渐形成了。后来，安吉县推行农村生活垃圾分类处理、垃圾不落地处理、农村环境物业化管理、农村生活污水治理、养殖业环境整治以及禁燃禁放等工作时，统一思想快、投入少、见效快，均能取得事半功倍的效果，这与早先打下的良好的群众基础不无关系。

道路交通等基础设施建设向农村的全面延伸覆盖是另一项重大举措。作为"千万工程"的配套项目，2003年5月，浙江开始实施"康庄工程"，对于向农村延伸的道路工程，以及村庄之间、村庄内部的道路工程，按标准建设完成以后，省交通厅和省财政厅有奖补政策。这对于久居深山，长期受困于交通不便的安吉农民们来说，无异于喜从天降。

安吉由于地处长三角腹地、天目山北麓，境内70%是山区。历史上，安吉山民的经济来源主要是竹、笋、茶叶等林产品。

其中最主要的是毛竹,"川原五十里,修竹半其间",竹林面积达 102 万亩。安吉是中国第一竹乡。毛竹是大宗产品,必须设法从山里运出来。原来的山区山高路险,道路狭窄,特别是遇上雨季,山区道路更加泥泞湿滑,毛竹生产的运输成本很高,还存在严重的安全隐患,很多地方的竹子只能烂在山上。

"康庄工程"的实施,让吃够了交通落后之苦的安吉山民看到了希望。县政府因势利导,广泛发动群众,通过向上争取一点、县里补一点、乡镇配一点、村里贴一点、农户自己出一点的办法,全县兴起了轰轰烈烈的修路热潮。经过 5 年努力,到 2007 年底,安吉县每百平方公里的等级公路通达里程数位居全国前列。让人没有想到的是,公路不仅让农民把农产品运出了山,还把上海、杭州等地的城里人引进了山,让城里人领略了安吉山区的秀美风光,乡村旅游也慢慢发展起来了。

尝到甜头的安吉农民更加注重修路,更加爱路护路。现在的安吉乡村,您尽管开着车随便到处跑,您会发现,几乎所有的通村公路都已通上公交车,所有通自然村的道路都已黑色化,所有到村民家中的道路都已硬化。许多乡村道路的两边都清晰地标出非机动车慢行道,便于健身锻炼的人安全骑行。

跟修桥、铺路一样,通信、广播、电视、体育、文化、教育、卫生等公共服务基础设施纷纷开始大规模向农村延伸。在这个阶段,安吉县共完成 202 个行政村 1073 个自然村的村庄环境初步整治,29 个村成功创建为"全面小康示范村"。2006 年获得"国家生态县"荣誉称号,2007 年被确定为"全国新农村与生态县互促共进示范区"。

第二个阶段，从2008年到2012年，是以追求"三农"全面进步为主要特征的"美丽乡村初创成型"阶段。

党的十六大以来，中央根据全面建设小康社会、加快推进社会主义现代化的要求，要把"解决好农业、农村、农民问题作为全党工作的重中之重"[①]。党的十七大首次提出建设生态文明。这些都为全国农村的发展指明了方向，也更加坚定了安吉坚持生态立县、生态经济强县的信心和决心。

2007年，时任浙江省委常委、常务副省长陈敏尔来安吉蹲点调研，分析了安吉的情况以后，他提出了把安吉乡村建设成为中国最美丽乡村的构想。为此，县委、县政府开展了广泛深入的调查研究，思路渐渐明晰：发挥生态优势，扬长补短，争取用10年时间，把安吉的农村建设成为"村村优美、家家创业、处处和谐、人人幸福"的"中国美丽乡村"。2008年1月15日，安吉县第十四届人民代表大会第二次会议审议通过了《关于建设"中国美丽乡村"的决议》。

2008年2月28日，安吉县召开了"中国美丽乡村"建设万人动员大会，会上下发了《安吉县建设"中国美丽乡村"行动纲要》。该纲要明确了指导思想、总体目标、工作原则、步骤方法、主要措施和工作机制，要求整体推进安吉农村的物质文明、精神文明、政治文明和生态文明建设，积极探索建设"环境优

---

① 中共中央文献研究室编.十七大以来重要文献选编（上）[M].北京：中央文献出版社，2009：692.

美、生活甜美、社会和美"的现代化新农村"安吉模式"。在主要措施上要求做到4个提升，即环境提升、产业提升、服务提升和素质提升。

为了做好这些工作，县"中国美丽乡村"建设领导小组办公室还牵头紧锣密鼓地做好了两件事，一是委托浙江大学景观规划研究所编制《安吉县"中国美丽乡村"建设总体规划》。承担任务的浙江大学师生冒着大雪，用了两个月时间，走遍了安吉的187个村。前后一共花了近半年时间，终于完成了这部规划。规划立足安吉实际，远近结合、合理布局、分步实施，构建了一幅从宏观到微观、从总体到局部、从美好愿景到支撑能力、从城乡布局到用地指标等统筹兼顾的美丽乡村新蓝图。按照《总体规划》，2008—2009年先选择县城周边经济实力较强和西南山区休闲产业基础较好的50个村进行建设，做成样板。2010—2012年，再把重要道路沿线的70个村庄建好。2013—2017年，把剩下的60多个村庄建起来。通过10年努力，基本实现全县美丽乡村全覆盖。

二是制定《安吉县建设"中国美丽乡村"考核指标与验收办法》。经过多番打磨，该办法在2008年5月正式面世。办法按照"村村优美、家家创业、处处和谐、人人幸福"的要求，把整个指标体系分成四大部分，共分36项指标。其中"村村优美"占45%，"家家创业"占23%，"处处和谐"占17%，"人人幸福"占15%。然后按照"环境提升、产业提升、服务提升、素质提升"和"跳一跳够得着"的要求设定各项指标值。年底考核时，严格按照计分办法打分，再按照农户受益面和考核得分情况，从低到高分别授予"中国美丽乡村特色村""中国美丽乡村重点村""中国美丽乡村精品村"荣誉称号，分别给予37.5万—300万元的县财政奖补资金。

让县委、县政府领导出乎意料的是，这项工作得到了全县广大干部群众的普遍欢迎，特别是广大群众的创建热情空前高涨。原计划2008—2009年两年创建50个村，其中32个是按指令性要求创建的，剩下18个指标是留给基础较好、积极性高的村，通过申报，经审核同意后让他们创建，结果这两年仅申报村就达到70个。县委、县政府顺应民意，调整计划，最后，第一批两年共完成了61个村。到2012年底，前后只花了5年时间，全县187个行政村，除了按照县域城乡建设规划需要实施整村搬迁的8个村以外，余下的179个村全部进行了美丽乡村建设，基本实现全覆盖，其中建成精品村164个。剩下的8个村完成搬迁以后，也于2016年进行了创建并全部建成精品村。2012年9月，人居环境领域皇冠上的明珠——"联合国人居奖"，终于花落安吉。这也是我国第一个以乡村为主体，或者说是以整个县域为主体获此殊荣的地区。

十年规划提前5年完成，主要是因为得到了广大群众的拥护、支持和参与。美丽乡村改善了道路交通等基础设施，人流、物流、信息流全部打通，村庄环境发生了翻天覆地的变化，给村民的生产、生活带来了极大的便利，村民看到了乡村的希望，所以十分拥护并积极参与进来。村民们说，美丽乡村是党和政府为我们农民做的实实在在的大好事！有钱的出钱，有力的出力，我们愿意！村"两委"换届选举时，候选人对村民承诺最多的就是我们村什么时候建美丽乡村，建什么级别的美丽乡村。如果"两委"班子任期内碌碌无为，不积极申报创建美丽乡村，那群众就会不答应，很可能就得提早下台。美丽乡村建设的内生动力逐渐形成了。

建设容易管理难，管理不及时跟上，建得再好也是白搭。2008年底，安吉建成首批"中国美丽乡村"精品村18个、重点村26个、特色村6个。如何让这些美丽乡村保持长效美丽，成为又一个摆在县委、县政府面前的重大问题。2009年2月18日，安吉县委、县政府出台《关于2009年深入推进"中国美丽乡村"建设的实施意见》，明确提出要"建管并重，推进长效管理"，重点是卫生保洁。同年9月，《安吉县村庄环境卫生长效管理实施办法》发布，县、乡、村三级联动的农村环境卫生管理机制初步建立。督查考核办公室设在县农办，由农办、文明办、城管局组成。农办、文明办、城管局、交通局、卫生局、住建局、环保局、水利局每个部门成立一个督查组，每年对各村的环境卫生等情况进行不少于10次督查，督查结果与奖补资金、干部业绩、美丽乡村等次挂钩。《办法》要求各乡镇成立"乡镇物业中心"，乡镇财政设立"物业专户"，经费来源分5个方面：农户出一点、有条件的村集体出一点、所在地企事业单位交一点、乡镇补一点、县财政以奖代补一点。《办法》坚持规范化、标准化、可操作，比如要求原则上每100户不少于一名环卫人员、每 100 米不少于一个垃圾桶、每个村不少于一名中转收集人员和一名绿化养护人员等，规定得很详细。

这个阶段的创建重点仍然是道路交通、环境卫生、水利通信等基础设施和村庄景观的建设，当时，百分制创建考核办法的四大块内容中，"村村优美"占了 45% 的份额，并且还是"一票否决项"，即规定精品村、重点村、特色村在"村村优美"总分 45 分的得分，分别不得低于 43 分、41.5 分和 40 分，否则就要降级处理。

第三个阶段，从 2013 年到 2017 年，是以标准引领样板示范为主要特征的"美丽乡村升级示范"阶段。

安吉以"中国美丽乡村"为抓手，统筹"三农"，引领经济、社会全面发展，实施"弯道超越"的做法，在全省甚至全国引起了强烈反响，2008 年 5 月起，《人民日报》等主流媒体开始聚焦安吉，2009 年下半年更是 3 次上了 CCTV - 1《新闻联播》。

2010 年 5 月，浙江省委、省政府决定把"美丽乡村"作为浙江的一个品牌来打造，美丽乡村由安吉的县内行动上升为省级战略。全省各地开展了轰轰烈烈的美丽乡村建设，一批又一批吸引眼球的美丽乡村开始出现，安吉县倍感压力，头顶着"联合国人居奖"和美丽乡村发源地的光环，可不能被超越了。党的十八大报告指出，努力建设美丽中国，实现中华民族永续发展。[①] 这无疑是对浙江、对安吉美丽乡村建设的高度肯定，安吉人民信心倍增，谋定而后动，决心从 2013 年起，实施美丽乡村升级版建设。

一是建设一批精品示范村。 安吉县省级社会主义新农村建设试验示范区工作领导小组下发首个《安吉县建设"中国美丽乡村"精品示范村考核验收暂行办法》。《办法》对创建工作提出了更高的要求，指标内容从原来的 36 项增加到 45 项，达标要求也大大提高。对创建对象也提出了条件，要求村班子战斗力强、农民人均可支配收入高、村集体经济强、村庄发展潜力好、长效管理好等。创建期 2—3 年（后改为 1—2 年），获得一等奖的，按照受益人口数量，可从县财政得到 400 万—900 万元的以奖代补资金。2014 年，高家堂、双一、尚书圩、洪家 4 个村率先成为安吉县首批"中国美丽乡村"精品示范村。2015—2019 年 5 年间，又分别建成 8 个、9 个、8 个、15 个和 11 个精品示范村。

二是连片打造最美县域。 把县城打造成为"优雅竹城"、集镇建成"风情小镇"、乡镇建成"美丽乡镇"、村庄成为"美丽乡村"、农户成为"美丽家庭"。大力推进"中国大竹海""黄浦江源""昌硕故里""白茶飘香"4 条美丽乡村精品观光带建设。在此基础上，把全县所有的公路、河道都建成"美丽廊道"，把一个个美丽的村庄串成线、连成片。每一项工作都制定

---

① 仝华，孙蚌珠主编. 在全面建成小康社会的征程上奋进：十八大精神青年读本 [M]. 北京：人民出版社，2013：121.

了规划、形成了制度、落实了资金和责任部门。其中，精品观光带建设由规划部门牵头负责，风情小镇和小集镇环境整治提升和美丽乡村景观带由住建部门牵头负责，美丽乡镇由发改委牵头负责，美丽党建由组织部牵头负责，美丽家庭由妇联牵头负责，美丽公路和美丽河道分别由交通和水利局牵头负责。

三是持续强化长效管理。 经过 11 年的探索和发展，安吉农村环境卫生长效管理已经发展为美丽乡村长效管理。内容涵盖农村垃圾管理、生活污水处理、绿化养护、公共场所管护、资源环境保护等方方面面的工作。在资金筹措上，用每年约 2500 万元的县财政奖补资金，有效撬动其他各类资金约 5000 万元用于美丽乡村长效管理。在管理的体制机制上，建立起了由农办协调 8 个部门专门巡查督导、其他部门联动互补、乡镇和村联动跟进的立体管理制度。在管理手段上不断创新突破，2013 年起农村生活垃圾进行分类处理，2014 年起城市物业进农村，2015 年起开始实施农村生活垃圾不落地处理，2016 年创设农村物业管理协会，2017 年起开始实施"互联网＋乡村卫事"手机 App 客户端管理等，也都属于全省首创甚至是国内首创，均取得了成功。

四是做深内涵激发内生动力。 在继续抓好村庄环境的同时，坚持物质文明、精神文明、政治文明、生态文明、社会文明一起抓。更加注重乡村产业的发展，注重农民致富、集体增收和工商资本引入；更加注重村庄的自治、德治和法治；更加注重乡村优秀特色传统文化的发掘、传承、弘扬和利用；更加注重各村根据自身特点发挥优势走特色化创建道路。村庄环境部分的考核比例逐年下降，由最初的45％下降到25％左右，也不再作为"一票否决项"，文化、产业、精神文明、社会治理、创建特色等方面的考核比例逐年上升。在村庄建设、管理和经营活动中，更加注重多方筹措资金、多方参与共建共享。数据显示，在建设资金投入方面，县级财政的出资比例由最初的50％左右下降到20％以下，村民、乡贤、工商资本的投入比例大幅度上升。这是由于整个创建过程，从创建思路、规划设计开始，就要求村民全方位参与，让村民明白为什么创建，怎么样创建，建好以后对自己有什么作用。这样，村民的积极性被不断地调动起来，创建成为自下而上的一种自觉行动。

五是形成经验打响品牌。 这个阶段，是安吉的美丽乡村形成经验打响品牌的阶段。2015年4月，以安吉县人民政府为第一起草人的《美丽乡村建设规范》国家标准正式发布。浙江省委、省政府及时总结了安吉等地美丽乡村升级版建设的新经验，在2015年全省美丽乡村和农村精神文明现场会上全面推行美丽乡村升级版工作。2015年11月13日，CCTV-1《新闻联播》头条新闻用了6分16秒播报了"安吉的美丽乡村仅有美丽还不够"的新闻。2016年，安吉县荣获浙江省美丽乡村示范县第一名。"美丽乡村"成为安吉县的又一张金名片。

第四个阶段，从2017年起，是以全面接轨乡村振兴为主要特征的"美丽乡村深化转型"阶段。

2017年10月，党的十九大召开，乡村振兴作为国家战略提出。乡村振兴的总要求是"产业兴旺、生态宜居、乡风文明、治理有效、生活富裕"。安吉县美丽乡村"村村优美、家家创业、处处和谐、人人幸福"的总要求恰恰与此高度吻合，而且已经走过了近10年历程。安吉县干部群众精神振奋，安吉走的是一条正确的发展道路。

县委、县政府审时度势，及时研究部署"美丽乡村深化转型"工作，要求全县城乡联动、错位发展、互促共进，把县城打造成为"优雅竹城"、集镇建成"风情小镇"、乡村提升为"美丽乡村"，把安吉建设成为"中国最美县域"。

2018年3月，县农村工作会议召开，会议下发了《安吉县实施乡村振兴战略（美丽乡村提升）三年行动计划》等11个新的政策文件。会后，新的《安吉县建设"中国美丽乡村"精品示范村考核验收办法》及时发布。新办法按照"产业兴旺、生态宜居、乡风文明、治理有效、生活幸福"的要求重新设定考核指标，其中改动最大的是全面完善了"产业兴旺"大类的考核办法，新增了"村内工商资本投入情况""就业者素质""集体经营性资产情况""新型业态情况"等指标。"生活幸福"大类的内容基本沿用原来"人人幸福"的内容，我们认为这比"生活富裕"的要求更宽泛、更全面些。

2019年9月，安吉县成为浙江省首个县域践行"两山"理念综合改革创新试验区，安吉的生态文明和美丽乡村进入一个全新的时代。

二、 美丽乡村使乡村面貌发生翻天覆地的变化

17年农村人居环境改善、12年美丽乡村建设，让安吉的乡村面貌发生巨大而又深刻的变化。曾长期从事"三农"工作的安吉县政协主席叶海珍把它概括为"四个前所未有"：安吉乡村面貌之变化前所未有，百姓生活之幸福前所未有，社会各界之关注前所未有，"两山"理念之红利前所未有。这里，我把它分成"看得见的环境变化"和"看不见的内涵变化"两部分进行分析。

看得见的农村人居环境的变化主要有以下 6 个方面：

一是自然村环境整治提升全覆盖。

对所有的规划保留自然村（前后总数约 1350 个）的村庄环境实施了整治提升。在此基础上，从 2013 年起，每年再提升创建 10 个左右精品示范村，这还可以使每年约 50 个自然村的环境得到二次提升。到目前为止，所有的村庄基本实现交通、环卫、水利、电力、通信等基础设施和医疗、文化、教育、体育、养老等公共设施和服务全覆盖。乡村的生产、生活环境基本实现干净、整洁、安全、便捷。

二是乡村通等级公路实现全覆盖。

到 2007 年，安吉县每百平方公里通等级公路里程数位居全国前列。自然村通等级公路后，公交车和旅游车就可以通达，人流、物流、信息流更加便捷，促进了乡村经济、社会的持续

健康发展。目前，安吉的绝大部分村庄，不仅通等级公路，而且基本上都是柏油路，安保设施和标志标线齐全，很多道路的一侧还有慢行系统，显得干净、漂亮、有档次。

2014年，为响应习近平总书记号召，安吉县出台了《安吉县美丽公路管理办法》。同时，取"5·26"的"我爱路"之意，把每年的5月26日确定为安吉的"公路日"，开展广泛的宣传活动。经过几年努力，取得了很好的成效。2018年9月，全国"四好农村路"现场会在安吉召开。

三是农村生活垃圾分类处理全覆盖。

继实现农村生活垃圾集中无害化处理全覆盖以后，从2013年起，安吉县在全国率先尝试实施农村生活垃圾分类处理，按照"广覆盖、易操作、严考核、重实效"的要求，循序渐进，逐步推开。到2017年底，全县所有村庄的生活垃圾分成可回收物、有毒有害垃圾、厨余垃圾（后改称"易腐垃圾"）和其他垃圾四大类，全部按照要求分开投放、分开收集、分开运输、分开处理。

可回收物则进一步按照简单的办法分成4类：纸与纸制品、玻璃、金属、塑料与橡胶。

易腐垃圾的处理要求也很简单易懂：不出乡镇加工成有机肥料、不产生二次污染、不再花钱做二次处理。

考核办法也简单易操作：只需抽查源头分类和检查垃圾中转站中的待转运垃圾情况，分析厨余垃圾回收量情况即可。

2017年，安吉县成为全国首批农村生活垃圾分类处理示范县。

横溪坞村是垃圾分类处理的典范村，被称为"零垃圾村庄"。该村通过垃圾分类处理，全村每天的垃圾出运量从以前的每天1000多公斤下降到100公斤左右，除了一些从村民卫生间出来的垃圾和一次性塑料制品需要运往县城统一处理以外，其他的都在村里循环利用了。

四是农村生活污水处理全覆盖。

从2002年起，以安吉县山川乡高家堂村、灵峰街道横山坞村等为代表的一些村庄逐步引进各种生活污水处理方法和工艺，开始尝试农村生活污水处理。2008年，美丽乡村启动伊始，就把农村生活污水处理纳入考核。2014年起，浙江全省推进"五水共治"，对农村生活污水处理提出了更高的要求。农户的厕所水、厨房水、洗涤水、洗浴水都要经过处理，达标后才能排放。到2018年底，已实现自然村覆盖率100%，农户覆盖率93.5%。

在处理终端方面，有条件的全部纳入城市管网，进入污水处理厂统一处理；不能纳入城市管网的，尽量以自然村为单位相对集中处理，偏远地区的可以两三户甚至单户处理。

五是农村物业社会化服务覆盖率为97%。

农村的保洁、绿化养护、水电管网等公共设施的管护等工作，以往都由村里聘请一些大爷大妈来做，现在，有97%的农村物业由专业的物业公司承担。费用会比原来要高些，但物业公司装备齐全、劳动保障和安全防护措施更完善，服务更专业，村里也由原来的"操作者"变成了"监管者",便捷高效了不少。目前,全县已有 18 家物业公司在安吉乡村从事物业管理工作。

为了避免招投标过程中的恶性压价竞争、最终影响服务质量等现象的发生,县农办牵头组织全县农村物业管理公司成立了安吉县农村物业管理协会,订立行业规范,实行行业自律,总体效果很好。

但是在安吉农村,还有一批村庄,如双一村、横山坞村等,由村里自己组织村民实行"门前三包"或"以户包片",把村庄内部的环境卫生工作从物业公司手上剥离出来,由村民自己搞,反而比物业公司搞得更干净,村民的参与热情更高。

六是农村生活垃圾不落地处理覆盖率达到 83%。

生活垃圾不落地是指尽量减少垃圾在垃圾桶中的存放时间、减少垃圾桶在户外的摆放时间,以尽量减少二次污染的做法。目前,在安吉已经形成两种比较成熟的做法。一种是傍晚把垃圾桶放到指定位置,早晨连垃圾带垃圾桶一起收走,垃圾送到规定的地方处理,垃圾桶则洗干净、晾干后傍晚再放回。另一种办法是保洁人员用车载着绿色和黄色两种垃圾桶,车上播放固定的音乐,一般早、晚各一次,基本上是固定的时间、固定的线路到达每户村民家门口收垃圾。需要倒垃圾的村民,听到垃圾收集车播放的音乐后,就可以把垃圾拎出来,一般垃圾收集车刚好到门口。村民倒完垃圾,垃圾车就开走了,真正实现垃圾不落地、垃圾不停留。所以,现在安吉乡村的很多地方,不仅没有垃圾,也没有垃圾桶,只在人流较多的地方,有一些果壳箱。

垃圾不落地模式的推行,极大地减少了垃圾在村庄里的二次污染,苍蝇蚊子大大减少,受到广大村民的普遍欢迎和积极响应。

上述变化是看得见的,更重要的变化是轻易看不见的"三农"内涵发生的深刻变化,这使安吉从一个浙江省的经济欠发达县一跃成为全国著名的可持续发展样板地区。

安吉乡村发生的这些内在变化主要表现在以下3个方面:

一是农村变火了。随着经济社会的发展,特别是安吉县美丽乡村建设的成效显现,来安吉的外来度假人员,农村新型业态中的就业人员,以及白天在城市工作、晚上住在农村的人口大幅增加。现在,在安吉乡村大约居住着超过10万名外来人口,这些外来人员主要是以下3类人。

第一类是在乡村连续居住时间超过3个月的休闲度假人员。安吉乡村变美了,山区的空气、水更好,夏天清凉,冬天梦幻,非常适合城市人群每年来住上一段时间。全县乡村共有6万多张床位可以用于接待。像董岭村、龙王村、大溪村等每个村都长期居住着数千疗养度假的城市人群。

第二类是在乡村就业的外来人口,主要是在乡村酒店、民宿、农家乐、景区景点、乡村电商等乡村新型业态当中就业的外来人口。比如乡村电商,随着美丽乡村和乡村旅游的深入发展,农产品的线下体验、线上销售发展迅猛,到2018年底,全县乡村电商总数已达 13600 多家，居全国前列，仅此一种新业态即可吸纳数万名就业人口，其中就包括大批外来人口。

第三类是常态的逆城市化人口。即白天在城镇或工业园区上班，晚上居住在乡村的非农户籍人士，包括大批县级机关干部。习近平总书记早在 2005 年在安吉调研时就预言：长三角有多少游客？将来的话，甚至会有一些城里人在逆城市化发展过程中来这里，你们这里就更是一块宝地。① 现在，这些已成为现实。这些外来人员有想法、信息灵，可以为当地的美丽乡村建设和乡村振兴工作提供极大的帮助和支持。

二是农业变活了。随着各类人员在城乡之间的加速流动，乡村产业变得富有生机和活力。2019 年，安吉县接纳了 2807 万人次游客，其中 38％是乡村旅游；全县旅游总收入 388 亿元，约有 15％—20％进入村民口袋。乡村旅游成了安吉村民最重要的就业渠道和收入来源之一。

2017 年，灵峰街道碧门村成功创建成为精品示范村，村庄面貌大变样。许多"农二代"看到了在家门口发家致富的商机，纷纷回家搞起了农村电商，销售父辈们生产的竹制品。短短半年多时间，全村的电商总数从 10 家增加到 60 多家。2018 年，天荒坪镇五鹤村创建精品示范村，30 多户农家乐主看到了商机，主动按照村里的要求和村庄景观提升规划要求，把自家的农家乐改造提升为精品民宿。

---

① 裘一佼，霍建虹，沈洁. 绿色发展看安吉——写在"绿水青山就是金山银山"重要思想提出 12 周年之际［N］. 浙江日报，2018 - 08 - 15.

即便是传统农产品，如安吉白茶、安吉冬笋和其他农产品，到底是怎样生产出来的？有没有农药和化肥？城里来的游客们可以眼见为实，质量可信度高，价格自然也就高了。美丽乡村让农民收入渠道变宽，城乡收入比率不断缩小。

美丽乡村还让企业家们看到了商机，工商资本纷纷入驻。到2018年底，安吉县已通过验收的44个"中国美丽乡村精品示范村"共吸引工商资本落地265亿元，极大地推动了乡村产业的转型升级。

三是农民变强了。 农村就业人员和居住人员结构的深刻变化，让安吉农民的素质变得越来越高，对生产、生活的需求发生了深刻的变化。以往，安吉的农民素质培训和农村劳动力转移就业培训一般以工业园区中企业紧缺工种的培训为主，就业率也很高。但是，到了2015年，按照老套路设置的农民培训计划失灵了，当年县里的培训任务没完成。后来通过调研发现，农民就业取向发生变化了，对老的岗位培训没兴趣了，转而对茶道、礼仪、文化、餐饮、庭院布局、电商、民宿服务等培训兴趣浓厚。2016年起，县里有关部门就不得不着手调整培训计划。在乡村就业的人口中，民宿、电商等新型业态中的就业人员一般要求是年轻人、学历较高，这些人群大量下乡就业，加上大批机关干部、企业家下乡居住，直接带动了村民素质的提升。

最为重要的是，通过美丽乡村建设，安吉的一大批村干部成长起来了。特别是实施过美丽乡村精品示范村创建的村干部们，在示范村创建过程中不断思考、不断总结、不断验证、不断提高，能力水平大大提升，一个个都成为乡村振兴的行家里手。

以人才振兴和组织振兴带动乡村振兴，是安吉县美丽乡村建设的重要体会，培养和造就了一大批德才兼备的村干部，是安吉县美丽乡村建设取得的最重要成就之一。

美丽乡村已成为安吉的一张新名片，助力安吉以乡村为主体，收获了一系列重大荣誉：中国第一个生态县，"联合国人居奖"第一个获得县，浙江省美丽乡村示范县第一名，美丽乡村国家标准制定者，"绿水青山就是金山银山"理念诞生地等。

2017年12月，习近平总书记在中央农村工作会议上指出，"像浙江安吉等地，美丽经济已成为靓丽的名片，同欧洲的乡村相比毫不逊色"①。

① 陈伟斌. 安吉：乡村振兴，未来已来［N］. 钱江晚报，2018－09－14.

第三讲
做好县级"顶层设计" 让美丽乡村事半功倍

　　10多年来，安吉县掀起了一轮又一轮的美丽乡村建设高潮，各村都以争得高等次美丽乡村荣誉称号为荣，甚至会因为争取到一个创建名额而欢欣鼓舞。这种态势犹如千帆竞发、百舸争流，就好像竞相参加奥林匹克运动会一样。有这种良好态势，跟安吉县委、县政府的顶层设计是分不开的。

　　安吉县委、县政府的顶层设计，概括地说，是做好3个方面的工作：搭建一个平台——好比建一个美丽乡村建设的奥林匹克竞技场。完善一套制度——好比定一套美丽乡村建设的奥林匹克竞赛规则。打造一支队伍——好比培养一批美丽乡村建设的奥林匹克运动员。

一、 搭建好一个真抓实干的工作平台

　　没有国际奥委会就没有现代奥运会，没有举办地积极搭建

场馆也不会有历届成功的奥运会,没有爱好和平的世界人民的积极支持和参与也不会有成功的奥运会。安吉的美丽乡村建设也一样,县委、县政府建立了组织,安排了专项资金,整合了全县上下的力量,给予了广泛支持,明确目标、做好规划、制定政策、分解任务,一任接着一任干,为美丽乡村建设搭建了一个广阔的"竞技场",让懂农业、爱农村、爱农民的人们登上赛场,一展身手。

一是下定了一个决心。

安吉县要在长三角发达县区的巨人群中突出重围、赶超发展,必须彰显特色、错位发展、扬长补短。安吉的优、特、长在哪里?在于生态环境,在于农村面貌,在于地处长三角地理中心的区域位置。发挥好这些优势,把特色做成品牌,就一定能够形成强大的影响力,为全县经济社会发展提供最强劲的动能。2008年初,县委、县政府经过认真调研,确定了建设"中国美丽乡村"的战略决策,决心集全县之力打造县域美丽乡村。

创建美丽乡村特别是改善农村人居环境是要真金白银投入的。钱从哪里来?要靠多方筹措,但地方政府必须安排一定的财政引导资金。从2008年起,安吉县政府下决心从有限的可用财力中每年安排约8000万元专项用于对全县村级组织创建美丽乡村的奖补。这在当初全县可用财力不足10亿元、上级又没有相应行政任务要求的背景下,能够坚定地做出这一决定,是难能可贵的。

很多基础设施和公共服务设施要建设,土地从哪里来?努力盘活存量闲置土地，许多原来闲置在乡村的学校、供销社、邮电所、百货商店的老房子，经过党委、政府协调，部门解放思想，通过租、售、转的形式，纷纷交由村里重新利用起来。村集体闲置的房产和土地、农户闲置和暂时不用的房子，有些就地盘活、有些适当调整规划，可以重新利用起来。

决心一下，上下同心，许多困难也就迎刃而解了。

二是做好了一套规划。

在当时的经济社会发展水平和历史背景下，建设美丽乡村的条件是否成熟，国内外是否有成功的案例，需要注意和把握什么问题，这些问题都需要研究和论证。同时，对于这样一项全新的系统工程，应该怎么建，包括哪些内容，整合哪些资源和要素，哪些村庄和区域先建，都没有现成的模式和样板，一切都得靠自己去摸索。编制一个科学的规划显得十分重要。

2008年初，浙江大学景观规划研究所承接了这项任务，在全县上下的共同配合下，经过近半年的努力，编制出全国第一个县域美丽乡村建设总体规划，对上述问题进行了剖析，提出了解决方案。

按照规划方案，安吉县准备花10年时间，对全县所有的行政村的村庄人居环境进行整治提升。但是，让县里出乎意料的是，群众参与的积极性太高了，县委、县政府只得适时调整工作规划，加大投入力度，结果只用了5年时间，到2012年底，就基本完成了第一轮创建任务。

2013年，县委、县政府及时启动美丽乡村升级版建设。

2016年，委托浙江易康智库研究制定了二轮创建即乡村振兴发展战略规划。

三是健全了一套班子。

谁来主抓这项工作？县委决定，作为县委、县政府中心工作，由县社会主义新农村建设领导小组主抓，日常工作由县农办牵头，主要是抓统筹、抓协调、抓督查。具体条线上的工作，即各部门认为美丽乡村按照本部门要求应该做好什么工作，完善什么设施，都由部门提出并制定规范标准、考核办法，平时也由该部门负责工作指导，年底考核时负责评价打分。全县的所有县级机关部门都有美丽乡村建设工作任务。为了抓好部门职责落实，领导小组对各部门建立起系列"美丽乡村部门联创省部先进工作考核制度"，对做得好的给予表彰和奖励。对乡镇的考核则纳入乡镇党委、政府中心工作，列为县对乡镇年度综合考核的重要内容。建立县领导和部门联系指导制度，每一位县领导和每一个县级机关部门都要联系帮助指导1—2个创建村。明确一位县委副书记日常主要工作就是抓美丽乡村工作。县委书记每月至少召集召开一次现场推进会，督查进度，研究解决困难和问题。

后来，随着体制机制的不断完善，以及全县上下对这项工作意义的认识逐步提高和统一，各级、各部门逐渐把上级的工作要求变成了自己的常规工作、日常工作，对部门的考核就逐步取消了，县领导用在这一方面的日常工作精力、工作时间也越来越少了。

全县各部门上下协同系统推进，是乡村振兴和美丽乡村建设形成氛围和合力、少花钱多办事快办事办好事的关键所在。

四是坚定了一种信心。

美丽乡村到底能不能让县域经济社会走出一条"弯道超越"的捷径来？从一开始就有不同的判断。2008 年初，我们刚提出这一发展战略的时候，很多领导不以为然，县内很多干部也认为是"不务正业"，边干边持怀疑态度。

后来，随着工作的推进，特别是到了 2008 年下半年以后，领导干部们发现越来越多的村庄想要尽快创建，在下村的过程中，也听到越来越多的赞誉声，有些村民说：共产党又做大好事了，就像包产到户一样！看到这项工作受到农民朋友如此热烈的欢迎，大家又增添了信心。

2008—2010 年，《新闻联播》和《人民日报》等主流媒体纷纷报道安吉的美丽乡村；2010 年 5 月，浙江省委、省政府决定把"美丽乡村"作为浙江的一个品牌来打造，安吉的美丽乡村由县内行动上升为省级战略；2012 年党的十八大首次提出"美丽中国"，也被认为是对"美丽浙江""美丽乡村"实践的充分肯定。每一次的肯定与鼓励，都让安吉人更加坚定打造"中国美丽乡村"的信心。

随着美丽乡村建设成效的不断显现，乡村旅游发展迅猛，几乎每年都以 20% 以上的速度在增长，农民的收入渠道越来越宽、越来越多，年轻人纷纷返乡创业就业，乡村变得越来越热闹。"中国美丽乡村"的品牌逐步打响，终于实现华丽转身，开始成为引领安吉经济、社会发展的主引擎之一。一张蓝图绘到底、一任接着一任干的信心和决心就更为坚定了。

二、 制定好一套科学的创建内容和评价办法

没有规矩无以成方圆。奥运会赛场上如果没有一套客观、公正的规则，如果黑哨横行、兴奋剂泛滥，奥运会不可能发展到今天，更高、更快、更强的奥林匹克精神就无法得以彰显和弘扬。安吉的美丽乡村建设也一样，一直坚持用一套完整、客观、公正的考核办法来规范美丽乡村的创建及评价，要让村书记们知道创建的要求和内容，并确保考核是客观、公正的。要让大家相信，只要付出努力，就能得到客观的评价和公正的回报。

一是要告诉干部群众，美丽乡村或乡村振兴需要做什么事。

怎样才能把乡村振兴战略二十字总要求落到实处，产业兴旺、生态宜居、乡风文明、治理有效、生活富裕分别包含哪些内容，各地应该怎样做才是正确的、有效的呢？大家莫衷一是，不少领导也一筹莫展。在安吉，每年有许多村在同时创建美丽乡村，如果没有一套标准和要求来规范的话，各地的工作是会乱套的。

比如以衡量产业是否兴旺为例。黄杜村家家户户种植白茶，很多村民还到外地承包荒山种白茶，村民收入很高，算不算产

业兴旺了呢？大溪村依托村内许多景点，每年到村里的游客超过200万人次，几乎家家户户开了农家乐，农民人均可支配收入也可能有七八万元了，算不算已经实现产业兴旺了呢？再比如横山坞村、剑山村等村，依托离县城近、离工业园区近的优势，发展集体经济，集体资产和收入都很高，村民的收入也不错，这样的村庄算不算产业兴旺了呢？还有不少村庄，有大、好、高的工商资本项目入驻，虽然村民收入不高，村集体经济也不强，但有数亿数十亿元的工商资本在建或已投产，这样的村算不算已经产业兴旺了呢？

这些认识问题必须解决，否则村里就会误认为产业兴旺很简单，或者会心中没底，不知道应该做什么。所以，我们针对产业兴旺设置了一系列指标内容，比如村民收入，要从人均收入的总量和增速两个方面来衡量，并且是通过与所有创建村的比较得出结论。再比如村集体经济，要考量集体资产情况、经营性资产情况、集体总收入和经营性收入等情况，包括总量和增量，都要分开考核。还有工商资本在村内投资情况，需要考核投资总量、新型业态情况、带动村民和村集体增收致富情况、实际投资的效果等。甚至我们还要考核村内就业人员中大学以上学历人员占比情况等一共10项指标。这样，在创建的时候，每个村就可以逐项地去对照，看看哪个方面还存在短板，那就集中力量去弥补。当他们把短板都弥补起来了，村庄的产业发展就全面了，村民、村集体、工商资本都能获益，真正实现共建共营共享，今后的发展就会相对更轻松、更健康。

生态宜居、乡风文明、治理有效、生活富裕也是一样，也分别设定了一系列细化的、可操作的指标内容。

二是要告诉干部群众，我们是怎样鉴别做得好还是不好的。

怎样判断创建结果好坏，是创建者十分关心的问题。有些村庄会想：如果我们辛辛苦苦干了两年，事实上也干出了不错的成绩，但到时候会不会由于别的村庄跟县领导关系好，或者跟"考官"的关系好，最终反而被别人拿了好名次呢？如果真的会这样，那就麻烦了，这就好像竞技场上的黑哨一样，只要同"裁判"搞好关系就行了，水平如何反而变得并不重要了。

决不能让"黑哨"和"兴奋剂"坏了我们的大事！一定要让运动员心无旁骛地走上赛场，全力以赴地参加比赛，凭实力去争取最好的成绩！所以，裁判规则的建设变得十分重要。

如何让规则做到公平公正呢？那就是要让所有的创建指标完成情况，都有客观公正的衡量与评价办法。我们的做法是：考核指标要有实质内容；能用数据衡量的尽量用数据来衡量，数据的来源力求客观公正；无法用数据衡量的指标要尽量减少"考官"个人的主观影响力。

（一）明确哪些实质内容可以作为评判依据

比如"村内工商资本的投资情况"这项指标，是评价一个村庄"产业兴旺"水平的一个重要指标，我们给它赋予总分45分（满分1000分，下同）。我们应该拿哪些内容来评判这项工作完成得好坏呢？客观分析应该是这样的：第一，一个村庄内的工商资本应该是投入总量越大越好，但协议投资数量不能算数，那么，对实际已经投入的判断办法要科学。第二，工商资本的数量和产业类别应该越多越好，最好是能一、二、三产联动。第三，事实上，各村工商资本投资情况肯定会有较大的差距，还要避免最终考核时"考官"不肯得罪人、普遍送分的事情发生。

因此，我们在设定这项指标考核细则的时候是这样安排的：

1. 规定村域内工商资本投资总额以创建年度内财务支付凭证为依据计算，要扣除同期政府（财政）补助、集体积累资金投入。

2. 为了鼓励基础薄弱村庄招商引资，先设定一个基础分，即在创建期年均总投资在 1000 万元以上即可得 15 分，每少 200 万元扣 3 分。为了鼓励先进，再设定一个排名分，满分为 12 分，即按照本村的年均投资总量在全县同类创建村的排名情况给分，最高的给满分，排名越低，得分越低。

3. 在引进项目的数量、质量等方面设定 18 分，按投入 500 万元以上项目的数量、质量情况给分。

4. 该项目指标数据统计要剔除本村域内乡镇及以上工业园区内的企业投资数。

5. 该项指标的考核结果，第一名与最后一名之间必须拉开 20％以上的分差。

所有的 45 项指标的完成情况，都要这样明确评分细则。

（二）所有指标完成情况，能用数据衡量的，全部要用数

据衡量，数据来源尽可能客观公正

比如"村民人均可支配收入"。这是一项十分重要的指标，反映出人民群众在美丽乡村建设过程中有没有得到实惠，是美丽乡村建设和乡村振兴最重要的目标之一。我们给它赋分45分。

最开始的做法是，各村村民人均可支配收入数，是在年底时，由村向乡镇申报，经乡镇审核后，报县农业局审定。事实上，为了得高分，村里会往高处报，乡镇为了"帮"村里拿高分，有时还会纵容村里再报高点。而农业局审核时就为难了，因为他们没有办法准确掌握村民的收入到底是多少，事实上，就是无法审核！怎么办呢？为了不得罪人，农业局的给分都在44—45分之间，不敢过多拉开分差，否则，人家一计较，经不起推敲。

这样的评价办法和评价结果肯定是不公平的，也是没有意义的。后来，经过领导小组办公室召集相关部门认真研究，大家一致认为，这个指标很重要，分值不能降，但数据来源必须客观、真实、可靠，而且，分差还必须拉开10%以上。

最后决定，这项指标的考核任务调整为由城调大队牵头、农业局配合，各村的村民人均可支配收入数据由城调大队委托第三方统计调查机构抽样调查产生。分两部分考核评价：一是村民人均收入的绝对值，要占80%的份额，按高低排序，最高与最低之间的得分拉开10%的分差；二是考核期年均增幅占20%份额，按高低排序，最高与最低之间拉开10%的分差。

那么，问题又来了，委托第三方机构调查是要钱的，怎么办？经财政部门研究，每年安排部门预算时，专门为此给城调大队增加这部分预算。

（三）没法用数据来衡量的指标，要尽量减少"考官"个人的主观影响力

这类指标很多，最容易受"考官"主观意志的影响，其中有一些指标还十分重要，分值还不能低。如何做好这把评价的"尺子"，显得尤为重要。比如"村庄建设的品位""文化的发掘传承与利用""创建的特色与亮点"等指标，不仅重要，而且各村创建的成效差距肯定是很大的，理应拉开一定的分差。对于这些指标，主考部门都必须十分认真对待，一般都要组成专家评审团队来完成，不能由某些领导一个人说了算。而且，整个评审过程都要十分严密，确保公平公正。

为了加强对整个考核工作的监督，规定考核结果出来后，要公示 5 个工作日，领导小组在审核考核结果时还要抽查 10% 的部门的评分情况。

三是要告诉干部群众，做得好与不好在享受政策上有什么区别。

考核办法规定，通过考核的村，按照等次、名次和受益人口计算县财政可以给予的奖补资金额度，同时，授予不同的品牌称号。

2012 年前的第一轮创建，按考核结果分 3 个等次，分别授予"中国美丽乡村精品村""中国美丽乡村重点村""中国美丽

乡村特色村"荣誉称号。根据受益人口多少，如果被评为精品村的，给予150万—300万元的县财政以奖代补资金，重点村的给予75万—150万元，特色村的给予37.5万—75万元。

2013年起，开始第二轮创建，以村为单位，重点开展"中国美丽乡村精品示范村"的创建。在奖补政策上主要有以下几个方面：

1. 按考核结果分一、二、三等奖，给予不同的奖补资金和荣誉称号。获得950分（满分1015分）以上且不是最后一名的（最后一名要淘汰降级），获得一等奖。获得一等奖中间名次的（比如9个村获得一等奖，其中的第五名），将获得200万元基础奖、再按受益人口每人加奖2000元，400万元保底，800万元封顶。少数民族村和平原村加奖10%。名次每往上升一名，每人再加奖50元；每往下降一名，每人扣奖50元。获得900—950分且不是最后一名的，获得二等奖；获得850—900分且不是最后一名的获得三等奖；他们的中间名次的奖补资金，按受益人口每人加奖部分分别调整为1500元和1000元。

不同等次和名次之间的奖补资金会相差多少呢？举例来说：如果一个村的受益人口是2000人，则每个等次的县补资金相差100万元。如果乡镇是1∶1配套的，对一个村来说每个等次则会相差200万元。同一等次的每一个名次之间，获得的奖补资金会相差20万元。

2. "扶上马再送一程"，第一年完成创评以后，还要进行两年复评。按前列办法算好的奖补资金总额的15%要作为后面两年的复评奖补资金，待复评通过后再分别兑现 10％ 和 5％，哪一年通不过，这一年的复评奖补资金就会被扣除。对于刚刚通过创评的村庄来说，复评期是一个重要的巩固期、发展期，我们要求，所有的创建活动他们都要参加，年底对他们的考核一样严格。当然，农办和各个部门、乡镇会一如既往地关心帮助指导他们。事实上，很多村庄正是在复评期才得到快速发展的。

3. 遇到挫折没关系，扬帆起航再出发。对于当年考核未达到一等奖的村，我们会结合考核结果，认真研究他们在每个项目上的失分情况，然后和乡镇一起逐村与村"两委"干部一起查找问题、分析原因、研究办法。在这一环节，还要特别注重鼓励村书记、村干部们不能气馁，一定要鼓足干劲再出发，争取明年再上一等奖。如果这些村第二年复评时升上一等奖的，差额部分奖补资金会全部补给他们。我们的目的是让每个创建村都能修成正果，而不是为了节省财政资金。

这些年来，先后有郭吴、鲁家、中张、黄杜、新丰、古城、船村、横塘等村庄，也就是累计会有超过 15％ 的村，有过未能通过一等奖考核（含复评）的经历。但是，除了还未到复评时间的几个村外，所有前一年未能达到一等奖的村，通过努力，全部通过了下一年的复评，追回了奖补资金和荣誉。当然，前提是需要比别人付出更大的努力、取得比别人更大的进步。

大家都会觉得："只要努力创建，都能创建成功；只要付出努力，都能获得认可和回报。"这使全县上下创建美丽乡村的积极性变得十分高涨，每年都会有四五十个村来申请 10 个左右的示范村创建名额。村里和乡镇的积极性一高，主管部门的工作就轻松一些，因为当村、镇两级的积极性高了，会主动地动脑筋想办法了，创建的特色就会显现出来，效率就高了，包括撬动各方的投资也会越来越多，可以真正形成共建共享的局面。

久久为功，安吉营造出一片风清气正的美丽乡村建设氛围。12年来，每次考核结果都要经过7天公示，要向政府常务会议和县委常委会议汇报，但从来没有干部群众和领导提出过异议。安吉的美丽乡村创建制度以公平公正为基本原则，以全面进步为根本要求，以合力共建为主要方法，极大地激发了广大干部群众的创建热情，取得了良好的效果，让"公平"产生了巨大的生产力。这是安吉县美丽乡村建设长盛不衰的一条生命线。

三、 培养出一支想干事会干事的村干部队伍

没有姚明，没有刘翔，中国的篮球和田径在国际上就没有现在的地位，所以，优秀的运动员十分重要。同样，没有一位优秀的农村带头人，就不可能有安吉这一批批的示范村、精品村。当然，就像优秀运动员是培养训练出来的一样，很多优秀村书记的能力、水平不是天生就有的，而是在创建的过程中不断地得到培养、锻炼、成长，然后成为"明星书记"的。而且，最重要的是，通过他们的引领，还可以带动一批又一批的美丽乡村带头人不断成长起来。美丽乡村创建和培养优秀的村干部队伍，这两者犹如一对孪生兄弟，而且两者之间是一种互促共

进的关系。成功培养出了一大批优秀的带头人，以及这批优秀村书记给安吉乡村带来的深远影响，恰恰是安吉 10 多年美丽乡村建设取得的最重要成果。

那么，怎样才能在创建好美丽乡村的同时快速高效地打造出一支优秀的村书记队伍呢？我们是这样做的：

一是选择一批优秀村书记，让他们带领村民先行先试创建示范村。 这批村书记必须是德才兼备的，既想干事，又会干事，还要受到村民的广泛认可。每个地区应该都会有一批这样的优秀村书记。如果这批村书记所在村拥有产业基础或区位优势则更好。要让这批村庄带头创建美丽乡村，然后各级、各部门都来帮助他们创建，就像培育种子种苗一样，精心呵护、辛勤培育，一定能够打造出几个优秀的样板村庄。

在选择第一批创建对象的时候，如果村书记的能力素质高、发展基础好、区位优势明显等几项条件同时具备的村庄太少，或者无法同时具备的时候，那就要把村书记的能力素质放在第一位来考量。

首批示范村庄的培育打造意义非凡，特别是当发展基础并不好、区位优势不明显的村，依靠村书记、村班子带着村民艰苦创业建成"明星村"，意义就特别重大。首先，打造了我们自己身边的榜样，今后大家参观考察会很方便，不再需要每次都千里迢迢到外地学习，身边的样板更可比、可学。其次，这些村庄创建成功以后，周边村庄的村书记们就会想：他们这些村庄各方面的基础条件和我们的村庄相比是差不多的，我们的基础甚至比他们还要好一些，他们能创建成功，我们为什么不能？难道是我们的班子、我们的水平比他们差吗？这是无法接受的。

当然，各级、各部门在帮助他们创建的时候，必须把握原则：不能无条件"输血"。至少在同等条件下，本县或本地能给予的政策性资源应该是可复制的，即能够给予这个村庄的土地、财政资金等地方性资源，下次别的村庄创建时，应该也能够给予。不能厚此薄彼，不能为了打造几个亮点村庄给上级领导看看，就不惜投入大量财政资金，以后其他村庄创建时就无力再投了，这些"漂亮的村庄"就会成为形象工程。

二是招引一批"能人"回村担任领头人。当前的中国农村，许多"能人"都外出创业、外出务工或从政、从军，变成城市人口了，现在要搞乡村振兴，很多村庄连找个村书记都难，怎么办？外出的"能人"当中，有一批有情怀、想为乡亲们做点事的人，能不能把他们请回来，让他们来主持村里的工作，这关系到一个村庄的发展大局。所以，换届选举之前，乡镇党委、政府要把"找人、请人"当作一项重要的"战略任务"来抓。当然，请回的"能人"必须是真心想为村里做事、受村民普遍拥护的，是可以全身心地从事村庄事务的人。同时，必须让他们做到，在处理村庄事务时，和家族产业撇清关系，决不能假公济私。

这批村书记的能力水平是没问题的，脑子活、人脉广、办事经验丰富，而且一般都有一股想做成事的冲劲。缺的可能就是做群众工作的经验和方法，但这没关系，只要稍微点拨一下，他们学得比谁都快，而且他们一般都会积极主动地去讨教、去学习，进步会非常快。我们要做的只是给他们动力、教他们方法、为他们把握好方向。

安吉县精品示范村的村书记中，很多都有成功的经商经历，特别是第三批、第四批创建村。这些村书记带着大家干，确实干得特别好，很多村庄大有后来居上之势。这是因为这些村书记不仅善于学习运用别人好的做法，自己还会想出很多很好的创新做法，青出于蓝而胜于蓝就很自然了。如鲁家、高禹、刘家塘、高庄、大里、景溪、潴口溪等村就是很好的例证。

虽然这些书记没多少时间精力照顾家庭产业，但他们的家庭产业也几乎没有受到村里工作繁忙的影响，反而会因为自己担任村书记以后，各方面能力水平会快速提高、在外的口碑会越来越好，家族产业的生意也越来越好。

三是把有德的村书记培养成为德才兼备的领头雁。 并不是所有的村都能请得到能人回乡当村书记，有些村压根就没有能人，有些村庄在外有能人但请不回来，有些"能人"素质不行。那么，这些村该怎么办呢？许多地方的上级党委、政府往往会通过村庄撤并、强村带弱村，或者下派村书记、第一书记的办法来解决，但是，效果一般不会太好。最好的办法还是要下力气培养本土的村书记，这才是治本之策。要选择年富力强、文化程度高、思想素质好的人担任村书记，同时，努力把他们培养锻炼成为德才兼备的好干部，那这个村就有希望了。

怎样培养这些村书记呢？首先，要激发他们想要做事的积极性。要带着他们到一些自然禀赋、发展基础原先和自己村庄相仿的、通过努力已经发展得很好的村庄去看看，进行认真的调研分析，研究这些村庄是怎样找到发展思路的，是怎样一步步走过来的，研究他们的产业、治理、文化等事业发生了哪些深刻的变化，他们的村书记们到底做了些什么，从而不断激发我们的村书记们的积极性。

然后，要教会他们应对各种困难、办好各类事情的方式方法。安吉县在美丽乡村精品示范村创建过程中，总结出一些好方法，可以让村书记的能力水平迅速提升。

比如说带村干部到外地考察学习，是各地常用的办法，但这也要注意方法。目的地村庄到底有哪些工作是做得特别好的、值得我们去学习的，带班领导事先必须做好研究分析，出发之前就要跟大家讲清楚，让大家知道此行到底去学什么。去的时候还要打好思想"预防针"：对方的村庄在某个方面、某项工作确实是做得特别好的，对我们特别有意义，我们就是奔这点去的。但这个村庄在很多地方可能还不如我们，我们千万不能骄傲，更不能看不起他们，我们千里迢迢去学习的是他们的长项和特色做法，我们去考察学习的目的是要把正能量带回来，看到不好的现象就把它当作过眼云烟。我们每次出去一趟，只要从一个村庄学到一点好的做法，从 10 个村庄就能学到 10 点好的做法，如果都能为我所用，我们的村庄就会变得无比强大。

同样，请进来传经送宝，也要讲究方法和效果。邀请上层领导和理论界、学术界的专家是有必要的，但不是最重要的，应该更多地邀请优秀的村书记、商业精英、品牌专家，以及对日本、中国台湾、欧洲等国家和地区先进的农业农村生产方式、组织模式、运营方法有较好研究和实践经验的人士前来交流指导。

最重要、最有效的培训方式是广泛深入地开展本地区村庄之间的互看、互比、互学活动，因为本地区的自然禀赋、区位环境、经济基础、乡风民俗、政策条件差距不大，人家能干好，我们也一定能干好。所以，安吉县十分注重这种方法。就拿安吉当地的美丽乡村精品示范村创建推进工作现场会来说，每年要组织 10 次左右，参加的对象一般有创建村和复评村的村书记、乡镇分管领导、相关部门领导，培育村的村书记可以列席会议。下面专门对这种现场会的过程和内容做些介绍。

首先，现场会的选址是竞争性的。安吉县的美丽乡村创建考核办法规定：创建期内，成为现场会参观现场的，年底考核时，每次加一分。但要想成为现场会参观现场的，得来申请。要向县农办汇报清楚，村里有哪些特色亮点做法值得向全县推广的。如果有，现场会就会放到你们村庄来开；如果没有，或者特色亮点还不够，那就继续做优做特，争取下次来开。由于现场会有加分，而加分就等于加奖励资金、加荣誉，大家就会踊跃申办。申办的村多了，竞争激烈了，想要申办成功，就得不断想办法让自己做得更好。这个办法不仅可以使申办村的工作做出特色、做出成效，为村庄的品牌塑造打下良好的基础，还能有效培养村书记、村干部出主意、想办法的能力和总结、提炼的能力。

其次，现场踏看是全方位、无死角的。现场会要求，必须到村庄整治、开发、景观建设的现场踏看，步行时间不得少于半小时。村书记要现场讲解，向参会代表讲清楚村庄的过去、现在和将来。这样做的意义在于：村庄的每一个角落都会被看到，没有死角了，无法只做表面文章。村书记对本村的每一个项目、每一项工程的进展情况都要掌握得清清楚楚，无法当"甩手掌柜"，从而确保项目推进。

第三，坐下来的会议议程安排有讲究：先由村里汇报，再由乡镇汇报，然后是相互交流，最后是部门点评。村里和乡镇汇报的重点是亮点和特色做法以及取得的成效。村里汇报时必须由村书记亲自汇报，要用普通话汇报，要用 PPT 全面展示村庄的过去、现在和将来，逼着村书记学习普通话、提高表达能力、学习现代技能。

相互交流的环节很重要，镇、村汇报完毕以后，与会的代表会提问题，甚至对他们的有些做法提出质疑，比如：你们这样做是不是违法？我们以前也这样做，但后来遇到了什么问题没法解决，你们有没有碰到？又是怎么解决的？你要给出解答。

最后，部门的参会领导会对这些做法进行点评，或者进行及时的、必要的纠偏，再提出相应的工作要求。

通过这样的议程设计，其实已经不需要领导和主持人再做什么指示和总结讲话了，大家早已收获满满。

这样的现场会每年会组织 10 次左右，每一次推出一两项创新的、有推广价值的做法，再经过全县各村的推敲和论证，这些做法就会更加成熟，操作性会更强。一年下来，每个村就会多掌握 10 项左右全新的工作技巧，而且都是一些经过实践证明行之有效的做法，以后自己村遇到这些问题时就可以直接运用了，在运用的过程中，如果能再加一些自己的创新和突破，工作会做得更好。掌握了这些方法的不仅仅是创建村的领导，还有各乡镇的分管领导和许多参加旁听的培育村的领导。培育村是那些想要创建，但条件不够成熟或者因为名额指标有限，暂时无法列入创建对象的村庄。培育村的干部都仔细地在听、在看、在学，在掌握方法积蓄力量，一旦让他们创建，就会快速上手。而我们参加会议的部门领导，通过参加这种形式的活动，不仅可以把条线上的工作要求贯彻落实下去，还可以尽快掌握最基层的要求和呼声，为决策提供第一手资料。

丰富的创建内容也是锻炼村干部能力水平的重要途径。全县每一个部门都会对创建工作提出要求，年底考核时是要来检查验收的。这些工作到底完成没有，应该怎么做，要做到什么程度，村书记必须清清楚楚，否则你就没法做好工作，也没法汇报清楚。对各个部门的涉农工作要求都弄清楚了，都落实到位了，村书记不想成为专家也难。

从我们的实践情况看，绝大部分的村干部特别是村书记，都是想干事情的，只是有一些村干部会怕难、怕累，或者苦于没有解决问题、克服困难的办法，或者是缺乏一点决心和信心，有时就会使我们误认为这些村干部能力水平不够，或者误认为这些村干部根本就不想做事情。村干部的能力水平一般不会天生就强，但只要我们给他们提供了平台，给他们提供一条学习提高的途径，他们是非常想学的，而且会学得很好，提高得很快。我们的现场会，村书记的到会率特别高，会风会纪也特别好，每一次的现场会，总会有一大批的"列席代表"参加，就是很好的证明。通过这样一轮又一轮的打磨，我们的村书记、村干部们的能力水平大大提高，自信心大大提高，加上村庄快速发展带来的各方口碑，让他们成就感大增。他们会更爱家乡、更加致力于村庄发展。初步估计，安吉县已有20多位村书记（主任）信心满满地走出家门，登上大学、党校、外地市县委理论中心组学习会的讲台，去"传经送宝"了。

安吉县10多年美丽乡村建设，取得的最重要成就，不是建设了多少个漂亮的村庄，而是完善了一套体制机制，并依靠这套体制机制培养了一大批德才兼备的村书记、村干部。

第四讲
部门和乡镇争当美丽乡村建设"中神通"

"乡村"振兴离不开"乡",乡镇街道党委、政府该如何作为呢?还有,很多政府性资源掌握在各个部门手上,特别是上级部门的政策和项目,不是谁想要就能要得到的,需要我们部门做好对接、争取工作,还需要在落地的过程中起到指导、把关作用,乡镇和部门都是有大量工作要做的。简单地概括乡镇街道和部门在乡村振兴过程中需要做好的工作,那就是:"没钱的捧个人场,有钱的再捧个钱场。"

一、 乡镇街道没钱的捧个人场,有钱的再捧个钱场

首先,从主要领导开始,要高度重视这一工作。 要安排好专门领导和工作班子为创建村的创建工作做好服务,主要是做好上下对接工作和帮助指导工作。创建村需要完成的工作任

务，也是乡镇党委、政府的任务，要把所辖创建村的各项创建工作任务及时进行分解，明确到乡镇机关工作人员，并要用强有力的制度落实好责任。

在安吉，如果哪个村庄被确定为创建村了，乡镇党委、政府一定会成立一个帮扶工作指导组，书记或乡镇长亲自担任组长，每一个副职领导、每一个部门负责人都会有工作任务：对接自己的上级部门，指导好创建村庄完成好自己职责范围内的那一块事情，"确保不丢分，争取多拿分"，任务都是很艰巨的。分管领导的精力要保证，从我们了解的情况看，基本上所有的分管领导在任何时候，对所辖村庄的各项创建工作完成情况、存在问题、努力方向都是很清楚的。几乎是所有的主要领导，都会亲自参加，定期召开好创建工作现场推进会。

2015年，是梅溪镇长林垓村的创建决胜之年。村里面临诸多困难，工作难以推进。在该村4月的推进会上，镇党委书记戴建国对村书记说："没钱是吗？镇里面借给你们，要多少给多少，但是要还的，一定要用好！没人是吗？镇机关哪些人是你看得中的，由你挑，明天就去村里报到，镇党委副书记叶鸣岗带班，驻村服务！"

鲁家村是一个经济基础比较薄弱的村庄，当年的创建任务十分繁重。递铺街道党委研究决定，党委副书记、政法书记李培祥带班，抽调20多位机关干部下村指导工作，整整一年，吃住都在村里，"不获胜利不收兵"。

洪家村是首批创建村，考核验收之前整整一个星期，报福镇党委书记刘承娟，带着所有在家的班子成员和大部分机关干部在村里帮助查漏补缺，迎接考核，临"考"前三天，大家每天只睡三四个小时。虽有"临阵磨枪"之嫌，却也体现了上级党委、政府的高度重视。

其次，如果乡镇街道有财政能力，就可以配套安排一些奖补资金。 有些乡镇街道的经济实力较强，具有较大的乡镇财政支配能力，在所属村庄创建美丽乡村时，就可以配套奖补较多的建设资金。安吉县大约有1/3的乡镇街道属于这样的类型。由于安吉县的美丽乡村创建属于竞争性选拔、竞争性考核，有点实力的乡镇街道就会竞相加大奖补资金的配套力度。

2017年初，时任梅溪镇党委书记陈小龙跑到农办说：我们荆湾村张利民书记很优秀，村班子有战斗力，我们希望能让他们村创建示范村。如果同意，我们镇党委、政府将全力支持，镇财政配套比例为1:1，村内主要区域"五线下地"的资金将由镇里出。最终，荆湾村创建过程中，镇里掏了约2000万元。灵峰街道、递铺街道等的配套力度一点也不比梅溪镇低。

第三，在公建项目的实施过程中做好结合。 可以结合所辖村庄美丽乡村建设工作的需要，统筹做好辖区范围内的基础设施和公共服务设施建设，特别是要积极参与好辖区内上级投资的重大基础设施项目的规划设计和建设工作，努力为美丽乡村建设提供服务。

比如公路项目，在经过村庄的那些路段，就要尽量按照景观公路、旅游公路的要求进行设计和施工，在村民休闲区域、游客集散区域可以设置一些"公路驿站"。这些公路驿站本身就是现代公路、景观公路、旅游公路所需要的，它们的功能设置也是和村民休闲功能、游客集散功能相似的。这就需要乡镇党委、政府牵头把这些项目结合在一起做。

还有水利项目，要按照景观河道、生态河道的要求来做。沿线的防护设施、亲水平台、绿化、亮化、休憩场所等都要与村庄的景观和环境整治提升的总体规划相统一，并尽量结合在一起做；一些较大规模的水利工程项目，还可以把堤岸工程和村庄道路工程结合在一起做。

这些在村内的公建项目，有些项目业主就是乡镇，有些是上级工程，有些还涉及多个上级部门的工作，乡镇党委、政府出面就会方便很多，更容易做好结合和整合工作。乡镇街道党委、政府如果能够给予足够的重视，落实好责任，从规划设计开始，就要进行广泛的对接和沟通。这些项目的结合工作如果做得好，到时候，我们就会发现，项目建好了，投资没增加，但村里的环境变好了，公共设施也建成了，而且村里没花钱。

上墅乡的"天目慢谷"慢行系统、罗董线公路，山川乡省级旅游度假区旅游公路项目，西苕溪"清水入湖"项目荆湾段等项目工程，都是按照美丽乡村的要求来建的，建好了项目、建美了村庄、完善了公共服务设施。

第四，帮助村里向上争取项目和资金。能不能把上级支农项目争取到本村来做，能争取到多少项目和资金，对村庄的美丽乡村创建是至关重要的。村里的干部不清楚中央、省、市、县哪些部门有哪些支农政策和项目，有哪些实施要求，但一般的部门在乡镇街道都会有工作机构或办事人员，情况就会清楚得多。这些机构和人员就有责任和义务把这些项目拉到自己乡镇街道的创建村里来，并在以后落地实施过程中做好指导和监督工作。

事实证明，项目只要落到美丽乡村创建村，就能做得好，很值得放心，在安吉，各级干部都会有这种体会。所以，争取项目到创建村里来，其实早已成为两情相悦、皆大欢喜的事情，无非是需要做些衔接工作而已。

第五，积极招商引资，让工商资本进入乡村发展。 产业兴旺是乡村振兴和美丽乡村的重点工作之一，要让乡村实现"民富、村强、产业旺"的目标，经济建设是中心。在乡村产业三方经营主体：村民、村集体、工商资本当中，工商资本的量是最大的，在安吉县2018年底前创成的44个示范村中，创建后的新的投资量，工商资本占到了近90%。所以，工商资本的投资，是乡村产业兴旺的关键。

工商资本的进入，需要遵从市场规律，要让他们自愿进入，但也不能在家里等他们上门。"酒香也要勤吆喝"，美丽乡村的招商引资工作很重要，乡镇党委、政府在这方面也是大有可为的。

乡镇党委、政府要把招引工商资本到创建村里开发经营作为重点工作，一方面，帮助指导村里做优环境；另一方面，组织力量向外推介，包括借力上级招商平台向外推介，争取更多的客商前来投资。

工商资本落户以后，要积极帮助他们解决困难和问题，争取早投产、多盈利。同时，还要鼓励他们积极参与村庄基础设施和公共服务设施的共建共享。

当然，除了以上 5 个方面的工作以外，乡镇党委、政府还有其他的一些帮扶工作要做，比如：要加强督导，要求村里按照规范的程序和步骤开展好村务、党务、财务工作；要加强引导，介绍兄弟村庄好的做法供他们参考，帮助组织到外地参观学习。

二、 县级机关部门贵在齐心协力整合资源

县级机关部门代表的是县委、县政府，县委、县政府的决策部署能否落到实处、能否取得实效，关键看我们部门的工作力度和工作方法。

首先，告诉村里，要做好哪些事。 每个部门都要认真研究自己在美丽乡村建设工程中能做什么，村庄在创建时，涉及本部门的工作有哪些，按"跳一跳够得着"的标准应该达到什么水平，怎样让村庄在创建时好把握好操作。一一列出条款，编入《美丽乡村创建考核办法》当中。

其次，以项目为抓手，指导村庄发展。 美丽乡村创建项目是一个各部门共用的大平台，用得好的部门就会发现，只要把工作要求列入美丽乡村考核办法当中，与考核分数挂钩，工

作落实起来就会很顺利，质量也很高。当然，除了这个大平台以外，绝大部分部门还会有其他支农项目，或者可以通过自己向上争取到各种各样的支农项目。这些支农项目是更重要的工作抓手。用这些项目作为工作抓手，既可以推动乡村发展，又可以使本部门的工作实现大踏步进步。

比如，宣传部门主抓的"文化大礼堂"，组织部门主抓的"美丽乡村带头人"，纪检监察部门主抓的"清廉乡村"，文化部门主抓的"乡村大舞台""数字电影院"，民政部门主抓的"便民服务中心""居家养老服务中心"，住建部门的"美丽宜居村庄"，卫生部门的"医疗卫生服务站"，环保部门的"环保惠民工程"，农办的"生活垃圾分类处理试点""村级集体经济增收"，财政部门的"一事一议"，交通部门的"康庄工程""联网公路"，林业部门的"森林村庄"，水利部门的"水环境优美村"，妇联的"美丽家庭"等，总数超过 100 项。

通过这些项目的落实，部门把自己的惠民政策深入乡村的各个角落，乡村文明进步的进程大大加快。各部门其实都尝到了"甜头"，他们会更加积极地向上争取更多的项目落户到安吉的美丽乡村创建村。

第三，客观公正地衡量评价创建成果。 安吉的美丽乡村是竞争性选拔创建对象、竞争性考核创建成果的，各个部门能否站在客观公正的立场来当好这个裁判员，关系到创建环境和创建氛围好不好，关系到党委、政府的公信力，关系到创建工作是否可持续，所以特别重要。长期以来的制度约束，使大家形成习惯，那就是各个部门在研究制定考核细则时，一定会慎之又慎、细之又细，能用数据说话的尽量用数据说话，数据来源尽量做到真实可靠；不能用数据衡量的，特别是一些定性考核的、需要凭领导和专家的主观判断来评价的指标则会组织一个团队来评价，避免一个人说了算。

第五讲
筑好村"两委"及村民基层基础工作坚实"底盘"

美丽乡村或者乡村振兴都是系统工程，是"三农"工作的总抓手，内容十分庞杂。安吉县的美丽乡村创建考核办法，力求尽可能地告诉大家，"三农"工作该做哪些事、应该做到什么程度。许多地区拿到这本册子会一筹莫展：太复杂了！重点是什么？如果要挑重点，主要包括 5 个方面的工作：党建、环境、经济、长效管护和村民自治。

一、 美丽党建是一切工作的起点

村级组织建设是最重要的工作，一个支部能不能成为一个真正的战斗堡垒，每一个党员干部是不是都能发挥应有的作用，是村庄能否健康发展的关键。"事在人为"，人是最关键的因素，首先要有"人"，才能办成事，如果没"人"，什么事都办不成。所以，做工作、成事业，说到底都是做人的工作，其源头和根本就是做党建工作,"美丽乡村就是美丽党建"。

美丽乡村建设过程中的美丽党建,主要应该做好 3 个方面的工作:一是村书记要端正思想;二是村班子要拧成一股绳;三是把最广大村民团结在一起。

第一,村书记必须端正思想。 村书记是村"两委"班子的班长,是一个村庄发展的领头雁,是核心中的核心,大家的眼睛都盯着你。美丽乡村建设,特别是村庄人居环境整治提升工作,有大量的建设工程项目,涉及大量的资金投入,这在有些人眼里,就是"油水""肥缺"。捞还是不捞?当然不能捞!这就需要村书记端正思想,弄清楚我们为什么要创美丽乡村,为谁创美丽乡村,作为村书记,通过美丽乡村建设,到底追求的是什么,希望收获的是什么,对于这些问题,每一个村书记都要有非常清晰非常正确的认识。

我们经常跟村书记们交流,成为一个村书记不容易,需要获得上级党委和广大党员的认可,大家都希望你能够带领村民把村庄建设得更好,这可是众望所归啊!如果要赚钱,千万不能在这个岗位上赚,这个岗位,虽然待遇没有公务员好,但如果你利用职权捞了一点点好处,承担的责任一点也不比公务员轻!而且,周围都是村民的眼睛,几乎没有什么事情能瞒得过去。我们的很多村书记原来都是老板,在外面生意做得很好,根本就不在乎这点小钱,现在请你回来当书记,倒反而因为这点小钱犯了事,岂不是太亏了?!对不起你自己,对不起你的家属,更对不起党委、政府和广大村民的厚望!受损失的是你个人的声望、口碑、家族的产业、村庄的发展势头，更是我们党在人民群众中的形象和地位！

我们希望，通过带领大家成功创建美丽乡村，村书记个人的能力水平会大大提高，个人的威望、口碑和社会地位会大大提高，自己在商界的影响力会大大提高，从而会使自己的家族产业获得极大的成功，最终使自己获得"名利双收"。在安吉，许多"老板书记"的个人和家族产业的发展事实也充分证明了这一点。

从根源上杜绝了"捞一把"的思想以后，其他的工作就好做了。比如说"亲戚朋友想让我帮他们捞一点怎么办""其他干部可能会想捞一点怎么办""怎样做到既不得罪人又让他们捞不成，最好是让他们不想捞呢"，如果村书记的思想真正端正了，那就心底无私天地宽，什么事情都好办——"建章立制"、带头执行就行了。

第二，要团结带领和约束好村班子。 一个好汉三个帮，一个篱笆三个桩。美丽乡村建设是一系列系统工程，工作任务十分繁重。村书记没有三头六臂，水平再高也干不过来。而村班子本身就是一个整体，是为做好村庄工作而配备的工作团队，应该同心协力发挥作用。村书记如果已经把自己的思想放端正了，相对来说，统一干部的思想就会比较方便，否则，很难让人家信服。

需要不断带着班子成员到已经完成创建的村庄去参观考察，到先进地区学习。要请专家和外地有成功经验的领导、同行来村里帮助指导工作，让自己和班子成员经常与专家们在一起研究工作、探讨问题，明确和把握好村庄的发展方向。要让班子成员和自己一起跑部门争取项目、政策和资金，一起外出招商引资等。这样，既方便统一班子思想，又能帮助干部提高工作能力，不仅能让大家有劲往一个方向使，还能使每个人的干劲越来越大。

统一了干部的思想以后，还要重视建章立制工作，以制度来规范和约束大家的行为。如及时建立村务议事规则、决策规则、办事规则、村务财务公开规则等，既要把村庄事务当作一级地方政府事务来抓，又要把它当作一个企业事务来管。要在不折不扣地贯彻落实好法律法规和上级各项规定的基础上，不断解放思想、创新方法。把丑话说在前头，事情办在明处，大家各领一块工作，遵守共同的规矩，营造风清气正的工作氛围。

我们不难发现，凡是真正优秀的村庄，村"两委"都是十分重视建章立制、自我约束工作的。安吉的唐舍村、横溪坞村、高禹村、双一村等，都得益于不断解放思想、创新思路地建章立制，为村庄发展注入了巨大的新动能。

第三，要统一最广大村民的思想。统一村民的思想是让村民积极主动参与村庄建设发展的前提。村庄建设是为村民服务的，是村民自己的事，一定要让村民积极参与。现在党和国家有这么好的政策，如果村民积极参与了，就能取得事半功倍的效果。做好了前面"端正村书记思想""统一村班子思想"两块工作，就使得"统一群众思想"有了很好的基础。反之，如果前面两块工作没做好，群众思想也是没法统一的。群众的眼睛是雪亮的，干部有没有私心，群众心里清清楚楚，如果干部私心太重，对群众的任何说教都是没用的，只会起反作用。

统一村民思想，先要统一党员、队长（村民组长）、村民代表的思想。要让他们充分认识和理解村"两委"为什么要做这些事，村里准备怎样做这些事，做这些事需要花的钱是从哪里来的。搞清楚这些事后，他们的心里就有底了，就踏实了，就会非常乐意去做村民的工作。统一党员、队长、村民代表的思想的办法其实跟统一村班子思想的办法有点相似。

做普通村民的工作，也有各种办法，有一种办法应该是普遍适用、最行之有效的，那就是"带着村民去旅游"。这是安吉县的创建村在创建初期最常用、也是村干部们认为"投资回报率最高"的办法。上墅乡刘家塘村是 2015 年的创建村，创建之初，面对资金紧张、村域范围广、建设任务重、群众参与积极性不高等问题，村干部们普遍感到无所适从。经过分析研究，我们建议村里花一段时间，组织村民外出"旅游"。组织每家每户的户主到 2014 年已经完成考核验收的高家堂村、双一村、尚书圩村、洪家村等村庄去参观考察。

当然，去之前是需要做大量的准备工作的，包括要弄清楚要解决什么问题，看什么东西，了解什么情况，学会什么方法，等等。然后排好一个方案，确定先让谁去、再让谁去、最后谁去，确定线路怎么走、让谁来讲、讲什么内容。这些准备工作十分重要，做好了可以事半功倍，取得出乎意料的效果，让广大村民热情高涨。做得不好反而会起反作用，回来以后会觉得这也没有可比性那也没有可比性，我们学不了，还不如不干。

一定要认识到，考察前的准备工作不是给村民们设"套路"，我们的考察学习是去学习人家好的东西、有效的工作方法、成功的经验，而不是去找人家的毛病。学习的目的是为了学以致用，去粗存精，把正能量的东西带回来。不能一口吃成一个胖子，也不能指望在一个村庄里能学到自己想要学的所有东西。每次外出学习考察，到一个村庄，只要学到一种办法、一条经验或者发现一条新途径，我们的任务就完成了，把别人的长项都集中到自己的村里，我们的村庄就会变得比他们更好。

刘家塘村的这次"旅游"活动前后共花了两三万元，半个多月时间。大家看了以后眼睛发亮了：这些兄弟村庄原来的基础并没有比我们好多少，有的甚至还不如我们，现在居然建得这么漂亮了；他们的村民纷纷开起了农家乐，开始赚大钱了；很多老板来村里投资了，好多村民进去打工了；村里集体经济也强了，还没有增加债务。这么好的事情，他们能做，我们为什么不能做？他们创建时村民们投钱、投工、投劳一起干，我们也可以；他们的村庄建漂亮了，村民开了民宿，如果我们村庄建好了，我也可以。现在我们的村干部真好，以前外出"旅游"只有党员才能去，今年我们普通村民也能去了，还不用我们自己掏钱。让他们带着我们大家一起干，我们放心！就这样，绝大部分村民的思想就迅速统一起来了。

到家以后，每个村民小组都写好了申请，都要求村里率先建设自己的自然村，每一位户主都在上面签了名字。申请书里还表达了自己的决心和积极参与的意愿，如主动整治自家庭院、投工投劳等，其中有一条态度是每一个小组都有的，"所有建设项目，碰到的土地、青苗等的补偿问题，都由我们村民小组内部解决，不需要村里花一分钱"。事后，村里算了一笔账，光是这笔钱，村里大约节约了 250 万元。

最重要的是，有了这样的群众基础，后续的各项创建工作推动起来会轻松很多。2016 年，天荒坪镇率先决定，凡是创建村，组织村民到外地参观考察学习的，只要组织好，费用全部由镇里出。这些办法很快在全县推广。

二、 从村庄环境整治做起

美丽环境是美丽乡村的关键，就好比生态宜居是乡村振兴的关键。美丽环境包括两个方面，"硬环境"和"软环境"。"硬环境"主要指"看得见的环境"，包括生态环境、村庄基础设施、公共服务设施、村庄布局、农户庭院等都要美。"软环境"是指"看不见但感受得到的环境"，主要包括营商环境、人文环境等。

村"两委"要积极主动带领村民做好生态环境保护工作，如做好日常垃圾收集、垃圾分类、污水处理等环境保洁工作，做好制止毁林开垦、电枪捕鱼、秸秆焚烧、河道采砂等生态资源保护工作等。

要主动对接上级主管部门，请他们关心支持村庄基础设施建设，主要包括进出村庄的道路交通设施、农田水利设施、通信安保设施等，争取早日改善提升。这是村庄发展的关键基础。

要统筹安排和积极争取上级政策支持，努力加强和改善村庄的文化、教育、医疗、卫生、养老等社会事业和公共服务设施，早日实现村民办事基本不用出村。

上述工作任务基本完成以后，农村人居环境就实现了"干净、整洁、安全、便捷"的初步目标，也就是"生态宜居"的初步目标，即美丽环境的"硬环境"初步目标。

还有"软环境"，这是一项十分重要的工作。村庄文化的挖掘与传承，历史名人、乡贤、好人好事的宣扬，村民的素质提升与习惯改良，邻里之间的关系、家庭成员之间的关系、干部群众之间的关系等人文关系的改善，还有亲商、营商氛围的营造，都是村庄环境的组成部分，这是一项需要经久历练的"软功"，却是村庄健康发展的"硬实力"。

村庄环境建设工作任重而道远，需要持之以恒、久久为功。"硬环境"需要建设和投入，更需要用心管理。"软环境"则更多地需要管理约束和教育引导，其中发挥好村规民约的作用十分重要。

美丽环境是美丽经济的基础和前提，这也是安吉县美丽乡村创建的重要经验和体会。据对安吉县早期的44个示范村的调研发现，到2018年底，平均每个村已招商引入并落地工商资本约6亿元，从这些项目的签约时间看，约有90%是在这些村庄被确定为示范村创建对象以后才进入的。为什么要在这个时间节点以后才能签约并落地呢？这就是老板们的精明了，他们发现，安吉的示范村创建都会成功。如果等到创建完成了，村庄的环境包括"硬环境"和"软环境"都发生翻天覆地的变化了，那时候再去找他们谈投资就晚了，所以，趁他们刚开始创就赶紧找去吧，迟了好资源就被别人抢完了！

我们不能怪商人的精明和"势利"，不能怪他们总是"锦上添花"不肯"雪中送炭"，其实，只有商人精明了，我们的市场经济才能健康发展，这也是客观规律。所以，我们认为，尽管乡村振兴的重点是产业兴旺，产业兴旺主要依靠工商资本，需要招商引资，但要做好招商引资工作的前提是做美环境！

三、 产业发展要统筹兼顾

村民富、村集体经济强、工商资本积极参与，这是乡村美丽经济的三大要素。三者不可或缺，且当相互依存、互促共进，方成正果。

（一）村民富是乡村振兴的最主要的终极目标之一

村"两委"一定要把快速提高村民收入作为一项贯穿始终的大事来抓。安吉县统计城调大队每年会委托第三方统计调查机构对各个创建村的村民收入情况进行统计调查，并和县农办一起对各村的村民收入情况进行分析，弄清楚各村村民收入来源的主要短板，然后反馈给各村，便于有针对性地组织村民增收。

比如，如果一个村的村民收入来源中养老金收入偏低，就可以有意识地加快 60 岁以上老人的征地农民养老保险投保进度，并可以动员他们转为职工养老保险。如果是经营性收入偏低的，那就要分析一下，本村的村民外出经商的是否很少，还是搞农家乐、民宿、电商的村民不够。如果有条件，可以组织村民做些这方面的培训，或带着有需求有实力的村民外出学习，让他们回来以后也试着搞一些，村里再试着给些鼓励政策。如果是工资性收入低了，就分析一下，本村村民是否无法得悉企业用工信息，或者缺乏就业技能。如果是，那就组织一些转移就业的技能培训和转移就业的推介活动。

总之，要把村民的增收放在最重要的位置上关心、帮扶。表面上看，这是完成考核任务的需要，事实上这是我们利用创建的指挥棒实现执政为民的目的。

（二）村集体经济是村务活动的重要保障

资金不是万能的，但有了资金就会有办事的底气，而没有资金似乎真的万万不能，乡村治理工作也是一样。乡村治理活动是一切村务工作的总称，包括助推乡村产业发展、做美乡村环境、培育精神文明、做好乡村文化等，每一项工作都需要花钱，而且往往工作做得越好，需要花钱的地方越多。这些钱从哪里来？最好是村集体赚来。所以，村"两委"一定要千方百计做大做强村集体经济。

我们把衡量村集体经济的主要指标设定为四大类，即村集体资产总量、村集体经营性资产总量、村集体总收入、村集体经营性收入。做大做强村集体经济就可以从这 4 个方面下功夫。

最关键的是要做大村集体经营性资产和村集体经营性收入。村庄的森林、河流、湖泊、草地等村集体资源都可以成为村集体的经营性资产。比如河库资源，我们有些村集体就用集体的水库和流经村庄的河流入股，和工商资本一起开发经营漂流项目、嬉水项目、垂钓项目、水上餐饮项目、游船项目等，这些资源就变成了资产和资本，可以为村集体增加收入，如安吉县的景溪村、长潭村、高家堂村、赋石村、石鹰村、荆湾村、新丰村、洪家村等很多村庄，都是这样。

村庄的基础设施、公共服务设施、村庄景观也可以成为村集体的经营性资产，作价入股，参与工商资本的经营，以获取村集体收入。鲁家村在 2015 年就以已建成的村庄基础设施、公共服务设施和美丽乡村景观资产入股，没有新增投资，就占股49％，组建了鲁家乡土旅游公司，招引工商资本投入 3000 万元，建成了串联全村各个农场、景点的观光小火车，新增了一批重要的旅游公共服务设施。乡土旅游公司每卖出一张小火车票，村集体都能分到将近一半的钱。

但鲁家村并不是安吉最早用村集体基础设施、公共服务设施、村庄景观等资源和资产入股开发经营村庄的，高家堂村的AAA 级村庄景区、唐舍村的老年养生等项目，做得更早，都是这种模式，村民戏称其为"入干股"。鲁家村学来以后，青出于蓝了。而其后，横山坞村和大竹园村的民宿开发、刘家塘和横溪坞村的竹林开发、大里村的拓展项目开发、高禹村的五大产业平台、剑山村的灯光秀项目开发等，都是这种模式。

资源和资产经营的方法也越来越完善，理念也越来越先进。比如往往还会设定"分红保底"条件，保证村集体的最低收益。经营理念也发生了转变，思想更解放了，村集体从单纯追求"所有"到追求"所在为主、兼顾所有"，从"营利为主"到"服务为主、兼顾营利"。

当然，村集体经营性资产，还是要以拥有完整产权关系的村集体经营性资产为主，主要包括在经营性建设用地上的各类经营性物业资产，如写字楼、酒店物业、门店、仓库、厂房、单身公寓等。

还有，村集体的经营性活动，应以物业性资产的运营、特色资源的运营、公共服务项目的运营和垄断型（含政策性垄断或部分区域垄断）项目的运营为主比较妥当。而把那些竞争性商业行为交给民间资本去做，村集体尽量不要过多参与市场竞争很充分的行业，至多参与可控的股份。这样，既可避免经营风险，又便于各方监管，还能最大限度地降低村干部的精力投入，减少村民对村干部的猜忌。

（三）积极招引工商资本共建共营美丽乡村

乡村建设和乡村振兴的主要投入从哪里来？主要依靠工商资本。安吉县的示范村创建中，县财政对每个村平均奖补专项资金 600 万元，平均带动每个村基础设施、公共服务设施和村庄其他环境建设的总投入约 3000 万元，平均每个村入驻工商资本 6 亿元，三者比例为 1∶5∶100。充分说明工商资本是乡村建设和发展的主力军。

如何让工商资本入驻？

首先要树立乡村也是经济建设主战场的理念。以往，我们一说经济建设就离不开工业园区，好像唯有抓工业才是抓经济；一说投入就要算回报，好像对乡村的投入就是"打水漂"。其实，乡村就是一座金矿，对乡村的投入也有回报，而且回报不菲。

就拿安吉县前 5 年创建的 44 个示范村来说，县财政 5 年共投入专项奖补资金 2.6 亿元，打造了较好的乡村环境以后，仅这 44 个村就已招引落地了 265 亿元的工商资本投入。如果用 2.6 亿元财政资金用来建设工业平台，也不一定能招引 265 亿元工商资本。

这些工商资本入驻农村以后，新增建设用地并不多，即使有一些新增用地，占用的也是山地而不是耕地，多数还是采取盘活闲置土地的办法。这些项目的引进，不仅能就近解决一些村民的就业问题，还能让许多村民在家门口找到一些商机，有些开餐饮，有些搞住宿，有些卖土特产，有些搞电商，"饭店门口摆粥摊"也不错。这样，乡村就能更加富裕、更加热闹、更加和谐，形成一种良性循环。

在安吉、德清等地乡村的产业以乡村旅游业为主，如景区景点、民宿农庄、休闲农业等，除了解决就业、藏富于民以外，也能上缴大量税收。安吉鄣吴的山屿海度假酒店，2015 年每张床位上缴的税收为 3.9 万元，它也仅仅是安吉上千家乡村酒店、民宿当中普普通通的一家。

理念对了，工作就好做了。那就是在做美环境的同时，更要做好招商引资工作。

乡村产业的招商引资，需要符合当地的实际和发展规划，县、乡、村各级干部都要常怀招商之心，分头做好招商工作，这其中有一项重要的基础工作，就是要弄清楚自己的特色和优势是什么，什么产业最符合本地的发展方向，有什么资源和条件可以和对方谈合作，要把这些信息通过各种渠道推送出去。

招商信息的发布渠道很多，比如本村的公众号，乡镇和县里的招商部门和招商平台，各种公众媒体等，都要用好。但是，最好的渠道还是口碑，游客的好评多了，原来在村里的投资商赚钱了，这才是最好的招商广告。因为投资商的朋友多、门路广、说话有说服力，通过他们以商引商，成功的概率会更高。反之，如果原先的投资商受到了不好的对待，建设运营过程中到处碰壁，亏了很多钱，或者游客在村里挨宰了，他们在外面是不可能说你村庄的好话的，有时，你好不容易请来的客商还会被他们"劝回去"。

乡村招商引资的策划方案很重要，要让客商看到"商机"，看到"赚钱"的前景。鲁家村之所以能在短短的几年时间里就招引了10多个20多亿元的"农场项目"，跟他们"用一列小火车串起18个家庭农场"的创意方案是分不开的。大家认为这方案可行，投资肯定能赚钱，于是就都来了。朱仁斌书记也因此成了著名的"PPT书记"。

有好项目、大项目要来了，也要给地、给优惠政策，尽管这些项目不是工业项目，要积极向上级申请和争取。递铺街道（开发区）为了能让鲁家村的这些项目落地，就专门安排了27亩建设用地指标给他们。

招商引资过程中还要注意防范工商资本下乡圈地。很多地方招商心切，一碰到"大老板"就两眼放光，脑子就变得简单了，什么条件都答应他们，有些开口就是几十平方公里、几十亿上百亿元投资。这时候，我们一定要保持清醒的头脑，要考察清楚他们有这个实力吗？他们有过本行业成功的案例和经历吗？到底是不是真心要来投资的？这些都很重要，千万不能轻信，不能草率。否则，很有可能把村庄的开发经营权送出去了，到头来，他们自己不建设、不开发，别人想来开发了，反倒要看他们的脸色了，不得好处不撒手。我们不仅要学会招商，更要学会选商。

要坚持乡村产业的多元化发展，一般来说，最好是一业为主、多业并举。"一业为主"，即体现一村一品、一村一业、一村一特，便于做大做强村庄品牌，但要注重拉长产业链、做好三次产业融合发展文章。"多业并举"，即要求开发主体越多越好，涉及产业门类越多越好，降低乡村经营的风险。

在与开发商的合作协议中，一定要约定好开发时序、开发强度、违约责任等事项，一定要充分考虑好村民和村集体的利益。合作开发协议的内容要广泛征求各方意见，重要的合作经过村民代表大会讨论通过。

一定要正确认识乡村振兴与工业化、城市化、城乡一体化的关系。不能把乡村和城镇隔离起来求发展，特别在产业发展中，一定要坚持城乡融合互动和城乡错位发展的理念。乡村振兴不是把现有的所有乡村都搞得热热闹闹的，而是要坚持正确的定位，撤并一些太偏远的、生态敏感地区的、地质灾害易发地区的自然村落，发展好大中小城镇，完善中心村庄的基础设施和公共服务实施。让城镇吸纳乡村转移就业，让规划保留的村落提供优质的居住环境、优质的农产品和乡村旅游产品。

中小城镇、工业园区是乡村振兴的重要板块。城镇的公共服务齐全，就业岗位众多，各类工业园区不仅就业岗位多，而且许多岗位的技能要求并不高，特别适合农村劳动力的转移就业。大部分农村剩余劳动力文化程度相对较低，劳动技能单一，如果能够在离家不远的地方找到一个相对稳定的就业岗位，那是最好的。增加收入不说，家中的农活还可以带着，田地不至于荒芜，吃饭、住宿问题不用担心，家中的老人孩子都可以照顾。乡村振兴要让大部分村民可以离土不离乡，中小城镇的发展是乡村振兴的重要保障。

大量的农村剩余劳动力从山上、农田里解放出来以后，更有利于实施生态恢复和保护，便于推进农业生产的规模化和集约化，有利于农业农村现代化。从这个意义上看，发展工业和服务业，发展中心城镇，解决乡村人口就业问题，仍然是现阶段全国大部分地区解决乡村根本问题、实现乡村振兴的必由之路。

四、 即使没钱也要抓好常态管护

因"建"而新，因"管"而久。建设似乎可以"毕其功于一役"，维护管理则更需要持之以恒。甚至可以说，管理维护比建设更难、更重要。

2018年4月，安吉县承办了全国改善农村人居环境大会，这是党的十九大提出"乡村振兴"国家战略和全国改善农村人居环境三年行动计划以来的第一次，也是全国改善农村人居环境大会第一次升格为国务院一类会议。会议一共有5个现场点，串联起来总长度超过60公里。以往，这类会议都会有较长的准备时间，但这一次不同，从确定会议要在安吉召开，到会议代表报到，一共只有12天时间，安吉人已经没有时间再对村庄和沿路、沿线环境进行大规模整治提升了，安吉县委、县政府需要完成一项"几乎不可能完成的任务"。

会议最终获得圆满成功，得到了与会代表的广泛认可，还得到了中共中央办公厅、国务院办公厅和省委、省政府的表扬。之所以取得这些成效，主要得益于安吉县长期以来持之以恒的美丽乡村长效管理。

安吉的美丽乡村长效管理，是一套县、乡、村和物业公司四级联动的、立体监管的体系。村级层面和物业公司层面除了要按照县、乡工作要求全面抓好落实以外，还必须针对实际，创新方法，方能完成任务、做得比别人更好。县和乡镇层面的工作在前面章节已有表述，这里再举一些例子，说说村级层面和物业公司层面是如何在实践中积极创新地抓好长效维护和管理的。

第一个例子是余村的"让一枝红杏出墙来"。2015 年是天荒坪镇余村的精品示范村创建年。一般情况下，创建活动会延续到当年年底，但是，2015 年 8 月 15 日是习近平总书记在余村首次提出"绿水青山就是金山银山"理念 10 周年纪念日，当天，有重要活动在余村举行。余村的建设工程必须在 8 月初完成并保持靓丽的村容村貌。举办方为了保证村庄漂亮，要求村里多摆鲜花，连农户的窗台上、院墙边、路边都摆放了不少，能下地种植的地方更是种满了盛开的草花。可惜的是，8 月初是安吉的高温季，最高温度往往会蹿到 40 摄氏度左右，8 月的时令鲜花又很少，这些草花都是刚从大棚里搬来的，烈日下挺不了多久。为了保持鲜活，只好不停地换，村里花费了大量的人力、财力，村书记胡加顺急得团团转。

后来，我们和村里一起及时研究，总结出一些经验教训：一是尽快把草花换成木本的、藤本的植物，最好是乡土的观花、观叶植物。二是要多组织"美丽庭院"评比，把这些植物"送给""奖给"农户，让农户自己种到自家院子里面。三是今后在村庄景观提升建设时，农户庭院原则上不得修建全封闭的围墙，要让"一枝红杏出墙来"。这次总结的经验教训和解决办法，很快在全县得到了推广。

第二个例子是横山坞村的村民环境互评制度。2015 年，横山坞村实施美丽乡村精品示范村创建。村庄建设完成后，为了搞好长效维护，村里专门请来了县城的物业公司搞物业管理，把环境卫生、绿化养护、公共设施的维护等工作都包给了他们。过了一段时间，村里发现，村民的公共卫生意识还是较差，垃圾桶周边总是不干净。于是村里找到物业公司，要求物业公司把村庄内部的卫生保洁任务还给村里，相应的费用也退给村里。

然后，村里把农户房前屋后的卫生保洁和绿化养护责任划给村民，每月组织村民小组之间的交叉互评，把责任区的保洁情况纳入美丽庭院评比，每月评出一、二、三等奖，把原来付给物业公司的保洁费用奖励给村民。现在的横山坞村，村民不仅是保洁员，还是卫生监督员，村庄里一直干干净净。

第三个例子是双一村的环卫保洁招标制度。双一村是2014年通过考核验收的安吉县第一批精品示范村。眼看着后来创建的村庄一个个把环卫保洁包给了第三方物业公司，村干部们省心了不少，心里也羡慕。但是，他们经过认真的研究分析认为，保洁工作还是不包给物业公司好，一是这活没有技术性，没有危险性，只要有责任心就行；二是包给物业公司的费用太高，让村民来干还可以增加村民收入，费用又低，只是要想办法解决好保洁人员的责任心问题。

于是，村里决定，在村里招标产生"村庄环境保洁户"。全村划分为5个保洁区域，核定每个区域每个月900元保洁费。想要干的，以家庭为单位来报名，不管家中谁来搞卫生，保持包干区干净即可。村民代表对报名对象投信任票，前5名中标，干一年。年底，重新报名，重新投票，干得不好的就淘汰。这样，这个家庭的成员不仅都成了保洁员，还都成了卫生监督员。近 10 年来，双一村一直是全县长效保洁做得最好的村庄之一，全村的保洁费用比请物业公司时还大大降低了。

第四个例子是余村的垃圾不落地制度。经过示范村创建的余村，人居环境状况大大好转，加上"'两山'理念诞生地"的名声越来越大，外来游客和参观考察人员也越来越多，垃圾量大大增加。尽管实施了垃圾分类，但把厨余垃圾投放在户外的垃圾桶里，要放将近一天，尤其到了夏天，臭气熏天，苍蝇蚊子满天飞。这些垃圾桶就像垃圾一样成了一个很严重的二次污染源。2016 年春天，在县农办的指导下，村里决定白天不放垃圾桶，傍晚才把垃圾桶放出去，大家只能在晚上投放垃圾。第二天一早，环卫人员连垃圾带桶一起收走，垃圾分类处理，桶洗干净晾干后傍晚再放出来。实行这种方式以后，村里的臭气和苍蝇、蚊子少多了，得到了大家的支持。这种方法很快在全县推广开来。

灵峰街道、郎吴镇、上墅乡和报福镇等乡镇街道学习了以后，觉得垃圾放在外面一个晚上，尽管造成的二次污染会比白天要好一些，但还是会有一些。反正垃圾收运人员早、晚要各跑一次，那能不能让垃圾桶也不落地呢，顺便让农户把垃圾倒到车载的垃圾桶里，马上就拉走呢？

于是，他们决定，全街道、全镇各村，全部取消户外垃圾桶，由固定的环卫人员、用固定的车、车辆播放固定的音乐、按固定的线路、在固定的时间，早晚各一趟，把农户家的垃圾收走，真正实现垃圾不落地，真正做到没有二次污染。

实施垃圾不落地以后，可以把垃圾分类的监督、指导任务也落实给垃圾收运人员，村庄和责任区的垃圾分类工作的质量好坏，就会影响他们的收入。农户每一次倒垃圾都是当着他们的面的，如果分类不好，他们就会指导和监督一下，都是乡里乡亲的，说多了农户也会不好意思，垃圾分类工作推行起来就会方便一些，效果就会好很多。

到 2019 年底，全县实施垃圾不落地的村庄已达到 83%。

第五个例子是横溪坞村争做全国第一个零垃圾村庄。生活垃圾分类处理一直是一个大难题，关键是分开投放、分开收集以后能不能分开处理，能不能真的变废为宝。在县农办的帮助指导下，孝丰镇横溪坞村决定试试，看看能不能把"零垃圾村庄"做成横溪坞的品牌。他们通过大量细致的工作，先是尽量让农户做好源头分类，在此基础上，把可回收物回收卖钱，把有机垃圾还山还田或加工成肥料，把有毒有害垃圾集中放置，卫生间垃圾和一次性塑料制品送往县城焚烧发电，剩下的"垃圾"就很少了。然后，他们请来了台湾的文创团队，取义"化蛹成蝶"建立了一个"蛹工坊"。在专家的指导下，把收集来的各种可回收物再进行分类，可以投售的投售，不能投售的做成各种工艺品，有的做成了院墙，有的做成雕塑放在户外，有的做成工艺品摆上展柜，变成游客可以带回家的礼品，还安排了两位残障人士就业。整个村庄的外运垃圾大大减少，村民的卫生习惯更好了，资源回收利用意识大大增强。

第六个例子是农村物业管理协会的诞生与发展。2015 年起，随着美丽乡村建设和管理工作的推进，村庄物业管理工作越来越多，任务越来越重。一些诸如绿化养护、水电管网维修等工作还是有点技术要求的，需要懂点安全知识的，村里自己聘请的人员已经难以胜任了，许多村庄就有意想请专业的物业公司来承接本村的物业管理。而通过美丽乡村创建的村庄，村集体的收入也比以往有了较大的提高，经济上也能承受得了。在这种情况下，城市物业公司纷纷进驻乡村。到 2016 年底，在安吉乡村从事物业管理的公司已有 9 家。

村庄的物业外包需要招投标，一些物业公司为了中标，往往不惜代价压价竞标，过低的价格中标后，肯定无法好好干活，最后造成物业管理的质量大打折扣，如此进入一个恶性循环。

针对这些情况，在县农办的牵头下，9 家物业公司坐下来商量对策，安吉县农村物业管理协会就这样成立了。大家订立章程，对重大事项进行了约定，形成了行业规范。农村物业管理协会成立以后，经常召开会议、举办活动、更新公众号，传达落实行业主管部门的工作要求，研究推广好的做法，使得全县农村物业管理上了一个新台阶。据了解，这可能还是全国第一家农村物业管理协会。目前会员单位已扩大到 18 家，业务覆盖全县 97％的村庄。在物业协会的帮助下，一些物业公司已开始走出安吉、走出浙江，迅速做大做强。

诸如此类的基层创新与突破实在太多，不做一一列举。

五、 创造性高效率开展村民自治

乡村治理的内涵十分广泛，严格意义上说，乡村的一切管理活动都是乡村治理，包括自治、法治、德治，包括经济活动、政治活动、文化活动等。2018 年 9 月 12 日，安吉县发布了全国第一个乡村治理地方标准，内容涵盖了支部带村、发展强村、民主管村、依法治村、道德润村、生态美村、平安护村、清廉正村 8 个方面。可以说，乡村振兴的五句话要求如何实现，都要看乡村治理。

安吉县的精品示范村创建考核办法正好比较全面地涵盖了这些内容，所以，前面各章节讲到的做法其实也是乡村治理的工作，这里就不再重复。现以高禹村等村庄的创新做法为例，讲讲最常规、最传统、也是最重要的狭义理解上的乡村治理工作，主要解剖一下民主管理、"三务公开"和村规民约 3 项村民自治工作。当然，这些做法，正在全县不断地深入推广。

安吉县天子湖镇高禹村是一个由 3 个村合并而成的大村，户籍人口超 6000 人，常住人口超 10000 人。村民的祖先们大部分是 100 多年前从外省迁入，全村共有 174 个姓氏。原先就是安吉县有名的"北大荒"，加上近几年来村庄附近工业园区的开发，村里还租住了大量外来民工，情况十分复杂。

2016 年，高禹村启动创建精品示范村，村"两委"励精图治，创造性地培养"五支队伍"解决"没人做事"问题，规范

"五个所有"打造"制度的笼子",做好"五个平台"找到"发展路子"。短短几年时间,该村变得人心齐、民风正、发展快,成为以治理为抓手,践行"两山"理念,实现乡村振兴的一个典型。他们工作的核心方法就是坚持最广泛的公开与民主。

高禹村的村规民约规定,村庄事务执行"所有决策村民定,所有讨论都参与,所有决定都签字,所有干部不碰钱,所有财务都公开"的"五个所有"制度。村书记、村主任或者是其他干部群众有什么事关村庄发展和管理方面的重大提议,都要拿到村"两委"联席会议上商议,并听取党员代表、村民代表、民主监督理事会和乡贤参事会成员意见,在此基础上,交由村民代表大会表决,通过后方能实施。所有参加会议的代表都要发表意见,最后会议形成的决议,每个到会代表都要签字。所有村"两委"干部及其近亲属不得承接村内任何工程及材料采购,甚至不得购置挖机,不得发生与本村集体经济有往来的业务。村里集中在每周一召开财务审批会,村"两委"班子成员、部分村民代表、民主监督理事会成员共 11 人参加会议。所有财务开支由经手人汇报情况,能否开支由大家表态,会后由全体参会人员签字,村书记最后一个签字,财务方可报销。

为了做好村务、财务公开工作,村里更是想尽了办法。对于村民最关心的财务公开工作,村里规定,必须公开所有的收支明细,公开到每一张票证。这些内容,除了按照上级要求设置"三务公开栏"公开、在"村村用"数字电视平台全面公开以外，还建立了"三务"大会通报制度，即定时在村民大会、党员大会、村民代表大会上通报公开。在外的务工人员，无法通过上述平台了解情况的，村里通过建立"五支队伍"的微信公众号和QQ群定时公开，村里还能通过平台实时掌握这些外出村民是否已经收看相关信息。对于腿脚不便、不习惯和不会使用现代信息工具的村民，村里还专门办了每月一期的村报，每期投送到户，从2015年到2018年底，累计投递了48000多份。

由于做好了公开和民主两项工作，整个创建工作推进起来就会十分顺利。在2016年的创建村中，高禹村的环境基础、产业基础都不算好，整个创建的资金投入也是比较少的，但最终的考核结果比较好，在全部的9个新创建村中，高居第二名。

村规民约是又一项重要抓手。我们要求，村规民约要简洁实用，内容不在多而在精。理论的和大道理就不用写了，法律已有规定的也不用写了。一旦写上去了就要能做到，如何保证执行到位的办法也要写上去。县民政局、政法委专门把这项工作作为阶段性重点工作来推动，县人大还专门组织专项督导。很快，郭吴镇玉华村、昌硕街道双一村、三川乡马家弄村等村庄订出了一批行之有效的村规民约，在全县进行了推广。村规民约把村民放在了最核心的位置，得到了广大村民的关心与支持，在村庄环境建设与维护、生态资源的保护、乡村建设规划管控等方面尤其发挥了不可替代的作用。

凡是乡村治理手段运用得好的村庄，干群关系一定是好的，村庄建设工程的推进总是顺利的，村庄发展总是平稳健康的，做事的效率总是很高。当乡村治理成了"生产力"，自然就"不用扬鞭自奋蹄"了。

第六讲
总结推广"安吉模式" 加快实现乡村振兴

美丽乡村"安吉模式"突出的是"人"的作用，而不是"钱"的堆砌；突出的是上下联动，而不是"一厢情愿"；突出的是共建共享，而不是"自娱自乐"；突出的是全面进步，而不是"表面光鲜"。做好这些工作的关键是：让每一位村书记都成为乡村振兴的行家里手。

这是一条"乡村振兴"的快速通道。习近平总书记指出："文明因交流而多彩，文明因互鉴而丰富。"① 研究和解读美丽乡村"安吉模式"，可以帮助各地找到一些可供借鉴的东西，从而在美丽乡村和乡村振兴的道路上少走弯路，早出成效。

那么，"安吉模式"有哪些经验是值得借鉴的呢?

---

① 习近平谈治国理政［M］. 北京：外文出版社，2014：258.

一、 保护好生态环境并让城乡基础设施和公共服务均等化

生态资源是最宝贵的资源，保护生态环境就是保护生产力，改善生态环境就是发展生产力。长期以来，与周边的经济发达地区相比，安吉的发展总是稍显滞后，有交通基础设施不足的原因，也有生态保护责任重大的原因。改善基础设施对经济发展的效果往往是立竿见影的，但保护生态环境对经济社会发展的积极意义却是长期持久的。安吉县从 20 世纪末起，就十分重视生态保护和生态修复，现在已显现出强劲的发展后劲。

回头看看安吉 20 多年来的生态保护与生态修复之路，确实是明智之举：20 世纪末的关停污染企业；2001 年确定"生态立县"战略；2002 年开始农村生活垃圾集中无害化处理；2003 年确立全国第一个"生态日"，开始试点农村生活污水处理，开始村庄环境整治，开始治理河道采砂；2005 年开始在主干河道增殖放流、设置"禁渔期"；2008 年开始"中国美丽乡村"建设；2009 年开始制止毁林开垦，实施茶园生态修复；2013 年起实施农村生活垃圾分类处理等，都走在了全省、全国的前列。渐渐地，安吉的乡村环境变美了，开始显山露水变成了一个品牌、一张名片，从此开启了赶超发展之路。

道路交通、通信电力等基础设施的建设至关重要。基础设施建设较好的地区，人居环境才可能好，才有建设美丽乡村、

实施乡村振兴的希望。但是，并不是所有原来有人居住的地方都要完善这些基础设施，首先需要有一个科学合理的村庄布局规划和美丽乡村建设总体规划。要经过认真的研究和论证，弄清楚哪些村庄是要撤并的、哪些是要保留的、哪些是要重点发展的，定下来以后，才可以考虑基础设施的布局和规模。

比如，在自然保护区、生态敏感区、地质灾害易发区和交通区位特别差的地区，如果只有一些散户和小村落，我们就应该考虑是否让他们搬出来，这样反而可以尽快改变他们的生产生活条件，那么，这些地方的基础设施就可以不用做了，省下来的资金用于搬迁可能都有结余。对于规划今后要保留的自然村，那就要有计划地安排搞好基础设施建设。对于那些规划需要重点发展的中心村，不仅基础设施要先建，规模上还要适度超前，以适应发展的需要，避免今后重复建设。

便捷的公共服务设施是农村人居环境的重要组成部分，要尽快向那些规划保留的村庄延伸，特别是向中心村延伸。城乡公共服务均等化是我们追求的目标，只有当城市拥有的公共服务设施在乡下也基本上有了，那么，乡村的生活才算得上比较方便了，否则，谈不上人居环境好。

比如说，村民办事方便吗？村民想要跟城里人一样，晚上跳跳排舞、看场电影，在村里行吗？年轻人回乡就业了，村里有托儿所、幼儿园吗？老年人有地方聊天、吃饭、照顾吗？所有这些，都要逐步得到满足。幼儿园、托儿所、医疗卫生服务站、居家养老服务中心、数字影院、文化礼堂、灯光球场等公共服务设施都要逐步建起来。

这些公共服务设施都是安吉县美丽乡村建设体系中的人居环境基础配置。

二、 引导和整合好各级各类支农政策

中国的美丽乡村和乡村振兴一定是政府主导下的战略性工程，需要五级书记一起抓。中央和省级政府以及其相关部门一般会出一些指导性意见和引导性政策，市、县级政府则需要更多的研究制定相关的落实方案、落地性政策。这些政策集中体现在：钱、地、人等要素资源的配置和引导性政策，就是要解决好钱从哪里来、地从哪里来、人从哪里来等问题。这里先说说如何整合各方力量，解决村庄环境整治的资金从哪里来的问题。

2013 年起，安吉县美丽乡村精品示范村创建，在这一方面已经有了很成功的实践。安吉的这些示范村，在 1—2 年的创建过程中，平均每个村用于基础设施、公共服务实施和村庄景观改造提升的投入约为 3000 万元，这些资金来源于 5 个方面：一是县财政专项奖补资金；二是乡镇配套奖补资金；三是村集体积累投入、村民投工投劳和乡贤捐赠，统称"村民的钱"；四是中央和省级各类支农项目及资金的整合使用；五是村域内工商资本投资项目参与共建或代建的投入。从全县总体来看，5 个方面大约各占 1/5。前面 3 个方面都好理解，这里着重讲讲后面

两个方面是如何参与投入的。

先说说如何整合中央和省级各类支农项目及资金。

各级政府这些年来越来越重视"三农"工作，不仅全面取消了农民的税费负担，对农业、农村、农民的各种转移支付和补贴补助都在逐年增加。对政府来说，每年都是一笔庞大的开支，但是，很多开支仍然停留在"扶穷不扶志""输血不造血"上。各级部门的很多支农项目往往是单打独干，有些项目发挥不了作用，有的甚至影响或妨碍其他方面项目的功能发挥。更多的则是建好了项目，却没钱没人维护，几年以后又荒废了，极大地浪费了公共资金和资源。比如：水利工程做成"三面光"，影响了生态环保；道路工程毁了林，污水治理工程破了路；通信工程简直就是"私拉乱接"；党建阵地没人用；文化广场晒太阳。很多成了形象工程、表面文章，钱打了水漂不说，还被老百姓投诉，影响了我们党委、政府的形象。

能不能把这些资源整合起来呢？绝对应该！而且完全能够做到皆大欢喜！但这需要我们各级党委、政府做些制度设计。安吉县从2010年起，搞了一项"部门联创支农项目省部先进"的活动，即广泛动员县级机关各部门向上争取支农项目，项目争取来以后，优先考虑放在美丽乡村创建村。项目落地以后，部门要指导帮助村里做好项目，努力把这些项目做成省级、部级先进项目（工程）。做得好的部门，年底考核时，可以获得县新农村建设先进单位，并受到表彰。部门领命后，就纷纷"跑部进厅"抢项目了。

很多支农项目单项奖补资金较少，比如：文化礼堂项目，按标准建成了，省里奖补30万元；建1公里康庄工程或联网公路，省里奖补30万—50万元；建一个星级旅游公厕，奖补30万元；建一个篮球场，送一副篮架补5000元；建一个数字影院，送价值25万元左右的设备等。单项奖补资金都很少，光凭这点钱根本就无法建成一个像样的项目。

为了做好项目，中央和省级部门一般会要求地方政府配套安排建设资金，东部地区多配一点，西部地区少配一点。许多地方政府财力紧张，很难做适当的配套。但如果地方配套太少了，项目就会建得很不像样，甚至无法通过验收，反而要承担责任，所以，很多地区往往还不愿接这些好事。

而让上级部门感到惊喜的是，落户到安吉的美丽乡村创建村项目是最容易建成样板项目的。这是因为在安吉美丽乡村创建时，按照创建标准，这些项目和设施本来都是要建的，有了这些项目的奖补政策，那是锦上添花，项目形象肯定好，往往会被评为示范项目。这些项目建成了省级、部级示范项目以后，形成良性循环，我们能拿到的项目就越来越多。

据不完全统计，近几年，先后有30多个省级及以上部门的100多个支农项目落户安吉，有时"一个品种"每年会落户数十个。有些项目单项奖补的额度还很大，如历史文化保护利用重点村项目，省财政奖补每个项目700万元；省级美丽宜居村庄项目，省财政奖补每个项目250万元；国家级美丽宜居项目，中央财政再奖补500万元。水利项目、交通项目、环保项目往往直接投资达数千万元。

重要的是，这些项目同时落户在同一个村庄以后，在设计、建设时就可以同步考虑，避免多头建设、重复建设、相互干扰等现象发生，便于一次性全部建成。

再来说说如何让投资商共建或代建美丽乡村。

但凡工商资本在村内投资，他们总是希望村庄的环境越来越好，因为村庄是项目的外部环境。再说，项目落户以后，本身也有一些基础设施需要建设，比如，到项目地的道路以及道路沿线的绿化、亮化工程。如果是旅游项目，一般还需要建设游客接待中心、停车场、公共厕所、购物市场等。而这些设施往往也是村庄建设时需要考虑的，特别是 A—AAA 级旅游村庄，本身也是需要有这些设施的。这就有了共建或代建的基础了。大家一起建，不要重复建，建得好一些，共建共营共享，岂不更好？只要双方坦诚相待，认真磋商，总能谈成一些共建或代建项目。

递铺街道古城村是 2018 年的创建村，创建过程中，他们招引进来一些投资商，村庄里的穿村公路、茶叶市场、游客中心、停车场等项目都由工商资本代建，涉及建设资金约 3000 万元。事实上，安吉的每个创建村庄都会招引一批工商资本项目，每个示范村平均已落地的商业项目资金已达 6 亿元，即使只有 1% 的投资用于共建基础设施和公共服务设施推算，平均每个村也有 600 万元。

三、 把抽象的事具体化，把复杂的事简单化

美丽乡村和乡村振兴都是系统工程，乡村振兴战略二十字总要求似乎很抽象很复杂，到底有哪些具体内容呢？感觉好像凡是关系乡村经济社会发展的事情都得干。那么问题来了，到底有哪些事情要干，哪个先干哪个后干，怎么干，听谁的，这些问题不解决，还真的不太好干。

安吉县的美丽乡村建设和管理，都以"一个制度管到底"闻名全国。其中美丽乡村建设考核管理办法的主要内容后来成为 2015 年发布的国家标准《中华人民共和国美丽乡村建设规范》的主要内容。这个建设考核办法告诉所有的村庄，美丽乡村应该做哪些工作、要做到什么程度、做得好与不够好有什么区别、每一项工作是由哪个部门负责指导和考核的、在整个考核体系中占有多少份额等。如果创建时能够全面落实这套标准体系，村庄一定能够实现物质文明、精神文明、政治文明、社会文明、生态文明的全面进步。通过这个创建"指挥棒"，可以把创建村的注意力集中到乡村发展的全面进步上来，也把部门和乡镇的注意力集中到为农服务和怎样为农服务上来。

这个考核办法最大的作用是把美丽乡村和乡村振兴这个复杂的系统工程简单化了，使原本很抽象的概念变得具体了。人们不必再为该干什么不干什么而劳神费思去争论，大家统一思想集中精力，按照办法规定的指标体系做工作就可以了，如果

有不同意见，待到下一个年度征求意见时再提出来也不迟，先把工作干起来。

当然，这个建设考核管理办法也不是一两个人坐在办公室里想出来的，本身就是各个部门提出来，然后经过再三论证形成的。

创建村的村书记们只要逐条逐项地去对照做就行了，每一条每一项有没有完成，还有多少差距，然后就分解任务落实责任，去抓推进就行。

每年的中心工作、重点工作都会有一些调整，每年也会有不少部门条线上的改革举措，各地的生产生活环境、需求也会有一些变化，所以，每年的考核办法都需要做些修订。这是一项重要工作，修订好这个"指挥棒"可以保证创建内容的科学、合理、完整、与时俱进，可以保证考核办法的公平和公正，好让所有的创建村都能早做准备并安心于创建工作。所以，我们每年年初大约会花两到三个月的时间来做这项工作，几上几下征求乡镇、村和部门的意见。多年下来，这套办法变得越来越详细。

虽然辛苦，但很值得。我们坚持一套标准管到底，一大批村庄按照这套办法创成了优秀的村庄，还有大批村庄在排队等待创建。县委、县政府用有限的财力撬动了大量的资金用于乡村建设，应该说获得了巨大的成功。

四、 先要建设一批当地的示范村庄

乡村振兴任重道远，不可能一蹴而就。需要做一个规划，测算和论证一下，按照财力情况，每年能做几个村，需要分几年做，具备哪些条件的村可以先做。然后，有计划有步骤地抓好落实。

抓好本地区的示范村庄建设十分重要。到底什么样的村庄是美丽乡村，什么样的村庄已经实现了乡村振兴，如果本地没有好的村庄，那就只能到外地去参观学习，有时，由于两地的基础、环境、人文等相差太大，即使去了也不一定能学到可借鉴的东西。所以，培养和打造一批属于自己的示范村庄显得十分重要。

选择示范村庄打造对象的时候，一定要把村班子战斗力和村书记是否属于德才兼备作为主要考察内容；一定不能无条件地投入大量的政府性资源，特别是财政资金和土地资源，能够给的也必须是一视同仁也可以给别的村庄的，要注重可推广、可复制。各级、各部门的任务是帮他们出主意、想办法。这样，一定能建成一批当地的示范村庄。

让条件成熟的村庄带头先创建，并不代表没有列入创建的村庄就没事可干，而是要让他们跟在后面学习，也就是让一批跟着一批干。

在示范村庄的打造过程中，主管部门和乡镇需要不断地总结、推广好的做法,使大家知道该怎么做、碰到问题该怎么解决,村庄的创建水平就会不断提高。县、乡层面总结推广的内容一定要从基层的,最好是本地区的实践中来,这样的经验最值得推广,最容易被接受。总结推广不必都要追求"高大全",也可以是一件小事,但要可学、可用、可操作。

举一个我们推广优秀乡村墙绘的事例。

前些年,全国各地都在建美丽乡村,把墙刷白以后,往往喜欢画一些墙绘。有些墙绘画得毫无美感,晚上路过还会吓一跳。安吉早期的美丽乡村建设也有这个问题。

2015年,灵峰街道横山坞村实施美丽乡村精品示范村创建。他们在目莲坞自然村安排画家画了一批3D画,这些画有些顶天立地,拉长了村庄的视觉纵深;有些改变了破旧房屋的外观形象,并与周边的山水林草花浑然一体,成为自然的一部分;有些则形象逼真,一时分不出真假,让人惊喜连连;有些则巧妙地把外露的水管、电线融入画中,掩饰了一些不和谐的画面。一个精致灵动、充满艺术气息的村庄就展现出来了。

我们立即组织大家现场观摩、总结推广他们的做法,明确要求:墙绘要慎画,墙绘的意义在于应景、添彩、补短,是为了增添艺术性、弘扬正能量,千万不能让人感觉是在添乱、添堵。每一幅墙绘画什么、怎么画,都要认真思考,千万不能太草率,如果没有好的创意,没有较高的水平,宁可不画,保留着干干净净的粉墙黛瓦也不错。评价一幅墙绘是否成功,有一个很简单的"标准",那就是游客经过看到时,是否会感到很惊喜，是否会开心地拿出手机拍下它。

就这样，安吉的乡村墙绘水平有了较大的提高，郎吴村、报福村、施阮村等村庄都出现了一批艺术水平较高的墙绘作品。

五、 把村民利益放在第一位是工作的出发点，也是落脚点

2012 年 11 月 15 日，习近平总书记在十八届中共中央政治局常委同中外记者见面时指出：人民对美好生活的向往，就是我们的奋斗目标。[①] 习近平同志在十三届人大山东代表团讨论时又指出：要充分尊重广大农民意愿，调动广大农民积极性、主动性、创造性，把广大农民对美好生活的向往化为推动乡村振兴的动力，把维护广大农民的根本利益、促进广大农民共同富裕作为出发点和落脚点。[②]

安吉县在美丽乡村建设过程中，对此有着深刻的体会。我们觉得，只有把村民发动起来了，事情才做得好；只有对村民有好处，村民才能发动得起来。

安吉的美丽乡村建设从第一年起，就得到了各地村民的广泛欢迎，纷纷要求开展这项工作。美丽乡村建设特别是人居环境改善工程是需要大量的真金白银投入的，而安吉县的经济发展水平并不高，财政资金十分紧张，怎么办？县委、县政府也

---

① 李维. 习近平重要论述学习笔记 [M]. 北京：人民出版社，2014：2.
② 石建勋. 新时代我国社会发展的主要矛盾研究 [M]. 北京：人民出版社，2019：224—225.

感到了压力，但我们坚持民生导向，群众需要的就是我们要做的，再困难也要挤出资金来！不过，要分期、分批来。积极性高的、能筹措到资金的、班子战斗力强的先来，只要做得好，县里就给奖补资金。同时，要求所建项目必须是围绕村民所需所求，对他们的生产、生活有帮助，不搞花架子、形象工程。这样就能得到广大村民的支持和参与。

怎样保证呢？县里的美丽乡村建设考核办法可以确保项目的实用性。哪些设施、哪些项目是要建的，应该达到什么标准，建好了可以得多少分，没建好要扣多少分，说得非常详细。反之，如果是建了一些形象工程，不仅不能加分，还要受批评。事实上，绝大部分村庄也没有能力再搞形象工程了。

12年来，县财政用于对村级组织美丽乡村建设的专项奖补资金总额约8.8亿元，平均到每个自然村为60万元。这点投入，县财政还能够承受，但毕竟太少了。所以，村书记、村"两委"还要千方百计筹措资金，千方百计让村民来参与，尽可能少花钱多办事。尽管这样，资金也不会太充裕，加上考核办法规定要做的事情太多，花钱的地方太多，所以，安吉的美丽乡村不会给人强烈的视觉冲击，没有一个村庄建得像公园、像影视基地，但所有的设施都是为村民的生产和生活服务的、所有的村庄都比较干净、整洁、漂亮。

有些外地的领导，包括一些长期从事"三农"工作的领导，会或多或少认为：我们那里的村民思想僵化，不听政府的；村干部能力水平太差，不想做事情；一般都是我们在做，他们在看。想让他们做些事情太难了，现在乡村振兴的时间紧任务重，等不起，还不如我们组织一个工作组，下去替他们做完得了。但这样是不行的，是做不好也做不过来的。

要解决这个问题，还得从解决村民的思想问题入手。那就是要让村民弄清楚为什么建、为谁建。如果我们是真心为村民办实事、是为了改善他们的生产生活条件、帮助他们增收致富服务的，村民是看得见的，会领会的，他们就会积极地参与进来。如果是只想做些形象工程、面子工程，群众当然不支持，更不愿意参与了。

村民的事情村民自己做，做事的效率才会高，做出来的事情才会让自己满意。因此，激发村民的参与积极性十分重要。

安吉的美丽乡村建设，坚持以村为主体，搞创建申报制，创建名额是争取来的，这事就不是县里要我们做的，而是我们村民自己要做的，做好了对我们有好处，所以我们一定要把它做好。这样，县里的主管部门就会比较"超脱"，部门、乡镇和村庄之间，就可以很好地摆正"老师"与"学生"的关系，即创建村是学生，乡镇和部门是老师。学生有什么问题可以问老师，老师会给你指点迷津，但解决问题的方案还得学生自己想、自己定、自己干，相当于作业还得学生自己做。这样，学习成绩才会提高，老师也会得到尊重。作业做好了，学生的成就感会很强，会越来越想做作业。反之，如果是我们在干，他们在看，他们就会成为指手画脚的"老师"，政府和部门反而变成"学生"了，而且，你会发现，这个"老师"是很难对付的，这样的"老师"出的题目很难做，一般情况是：你怎么做都不对！

六、 管理到位了，少花钱照样取得大进步

建设容易维护难，一个村庄美不美，建设很重要，管理和维护更重要。如果长期的管理和维护到位，即使当初的建设投入不大，整个村庄环境也会不断完善和提升，村庄会越来越美。反之，如果管理和维护跟不上，即使当初花重金打造，建得像公园和花园一样，也是白搭，今后会一年不如一年，越来越差。安吉的美丽乡村坚持建管并重，在长效管护方面，县财政平均每年开支奖补资金仅约为 2500 万元。花钱不多，但效果很好。

安吉县从 2008 年开始建设美丽乡村，第一批美丽乡村在当年年底建成。为了让美丽乡村能够持续地美丽下去，2009 年初，安吉县就专门成立美丽乡村长效管理办公室，设在县农办，安排了专门的人员编制、装备和经费，形成了考核管理办法，落实了相关责任部门的职责。办公室要协调组织县级机关 8 个部门每年对村一级的长效管理进行不少于 10 次督查，每次督查的双方对象都是临时确定的。每次督查必须检查到每个自然村、每条道路、每条河道、每个星级厕所、每个垃圾中转站。除了环境卫生，还要督查绿化养护、公共设施的维护、生态保护等一切与乡村生产、生活、生态环境有关的环境工作情况。

建立了投诉举报奖励制度。凡是发现乡村环境建设管理方面存在问题，以翔实的材料向县长效管理办公室提出，经查属

实，每次给予 100 元奖励。2016 年，通过政府采购服务，还开发了"乡村卫士"App 手机客户端信息化管理系统。任何在安吉的人，通过下载客户端，就可以对不良环境现象进行督查举报。到 2017 年初，关注人数已超过 5 万人，每个月都能收到数百条次信息。

光有发现问题的办法还不够，还必须要有科学、有效的结果运用。每一次督查都会形成厚厚的一本督查通报，列明每个村存在的各种环境问题、每个村的美丽乡村品牌变化情况、每个乡镇的好评率排名及变化情况、每个阶段全县存在的主要问题和下一阶段的重点工作要求等。每次通报都送县四套班子主要领导和县委、县政府分管领导，送新闻单位。每次督查考核的结果都与奖补资金的多少挂钩、全年的考核结果与村干部的奖金和绩效考核挂钩、全乡镇的考核结果与乡镇综合考核挂钩。各村的阶段性考核结果还要与该村的美丽乡村品牌等级挂钩，如果管理不好，美丽乡村的等级就可能下降，一旦等级下降，一年内达不到复牌条件不能复牌的，村书记将被采取组织措施（免职），所在乡镇的党委书记也将被追究责任，2009 年以来，已有多位村书记因此被免职。

其实，村庄建设初期投入不多没关系，只要村集体资产质量好，收入有增加且稳定，就可以每年不断地投入，迈小步不停步，加上长效管理跟上，村庄会建设得越来越好，一样能够实现赶超发展，而且这样的村庄往往会更健康，发展会更稳定。

七、"清廉"是"保护伞"，也是"生产力"

以村为主体做美丽乡村，似乎村干部的权力会很大，特别是村书记的权力会更大。权力是一把双刃剑，用得好会提高效率，用得不好会伤人伤己。党的十八大以前，许多公权力没有被关进制度的"笼子"，村干部的权力很大，有时还监督不力。一些几十万元、数百万元的项目建设和材料采购，让谁做？看上去是走了招投标程序了，事实上却暗地里由少数几个人说了算。那时候的美丽乡村建设项目也一样，致使我们的一些村干部犯了事，被追究了刑事责任，有一些还是上级党委寄予厚望的村书记，非常可惜，这是惨痛的历史教训。

党的十八大以后，在新的一轮创建中，我们十分注重廉政建设，各级、各部门不断完善政策法规、党纪政纪，为许多公权力量身定制了制度的"笼子"，情况大有好转。但是，"笼子"都有空隙，"权力"还可以偷偷往外钻，还会有人里应外合想把笼子扒开，一不小心权力就会失控。所以，我们要经常查查看看，发现空隙就及时把它补起来。这项工作不仅仅是执法执纪部门的事，也是各级各部门、村"两委"的分内事、共同的职责，必须大家齐抓共管。

比如我们农办在抓美丽乡村创建时就发明了一个行之有效的好办法。我们要求所有创建村把本村所有建设项目，特别是工程建设项目情况，用一个大广告牌在村内人口聚集的地方公示出来，内容包括项目设计单位、建设单位、价格、进度、责任人员等，建设（承包）单位的法人代表名字也要写出来。这样一来，把项目晒出去了，监督的人就多了，来跟村干部跑关系走后门要承接建设工程的人就少了，村干部受到的干扰和压力也小了，可以心无旁骛、安心于创建工作，违法违纪风险和责任风险大大降低。

为了干成事不出事，许多村庄在示范村创建时也会自创一些好方法，最有代表的方法是：千方百计把村庄事务的民主、公开工作做深做实。比如唐舍村，从2014年起，就定时把村庄事务特别是村财务情况刊登在《阳光唐舍报》上，及时发放到每家每户；高禹村规定每周一三套班子集体会商决定每一笔开支是否可以报销。这些好的做法很快得到了全县许多村庄的效仿。

我们发现，民主和公开两项工作，是规范村级权力的好"笼子"，是村级廉政建设的两大法宝，做得好则民心顺、人心齐，村庄事务推行就会很顺利。反之，如果公开和民主工作没有做好，即使村干部没有私心，群众也会认为你有私心。如果村干部真的有私心，还自以为天衣无缝，那就更是大错特错了。什么事情都逃不过村民的眼睛，他们看得清清楚楚，然后就会用行动表示反对，村庄事务就无法推行下去。

所以，我们经常跟村书记们交流：一定要做好公开与民主两篇文章。它不仅仅是村干部安全的保护伞，还是推动乡村建设和发展的生产力。

由于做好了廉政防护工作,安吉县 2013 年以来的第二轮示范村创建工程,尽管每一个村的建设项目更多,投入更大,村庄建设红红火火,但至今还没有一位村主职领导因为经济问题被追究责任。

八、 做好策划与规划主要依靠自己

村庄策划就是谋划村庄的发展方向和实现路径。人人都知道策划很重要,为了做好策划,有些地方不惜花大钱请来一些"专业公司"和"知名团队"。事实上,最有发言权的策划者恰恰是我们当地的基层"三农"工作者,特别是对我们当地情况最熟悉的镇村领导。离开了基层干部,再专业的公司也不见得能做出符合当地实际的策划方案来。所以,要做好村庄发展的策划方案,最好的方法是要让镇、村干部特别是村书记们多看多学外地成功的案例,让他们多长见识。结合本村的实际,多思多想,然后,要把镇、村领导的想法和专家的智慧融合起来,要让大家经常在一起,不断地交流、碰撞,最后才会碰撞出一些火花来,优秀的策划方案就是这样碰撞出来的。

规划要围绕策划方案,设计要符合规划要求,建设要按照设计来做。说起来比较简单,但不同的管理手段,会使最终的效果大相径庭。为了做好规划设计,并使规划设计落地,我们也摸索出了一些方法。比如,招标建立一个具有较高资质和优秀案例的规划设计单位库,供业主邀请招标或竞争性磋商;要求村书记全面参与规划设计调研；要求广泛听取乡贤和文化等部门专家的意见；要求经过村、乡、县三级评审；要求通过村民代表大会决议；规划与设计最好是同一家单位；建设落地过程中要求设计单位跟踪服务；变更设计要有联系单制度；年底验收之前要有规划设计单位认可；建设中期，我们还要组织住建、规划、交通、国土、环保、文化、旅游等部门的联合评估，评估结果列入年底考核。

所有这些措施，都是我们在实践探索过程中不断总结出来的一些行政管理措施，这些措施可以有效地让策划和规划设计更加符合当地实际需求和发展要求，让规划设计方案能够很好地落地，还能够让我们及早发现并纠正一些违规现象、避免重复建设等。

九、 美丽乡村既要"小桥流水" 又要现代生活

谁都知道，乡村建设不能搞大拆大建，要能记得住乡愁，留得住乡情。但是，不搞大拆大建不等于不拆不建，留得住乡情不等于排斥现代生活。要坚持该保的保，该拆的拆，该建的建。

拆和整理是建设和发展的基础。生态保护区、地质灾害点、位置太偏远的散户和小村落要有计划地搬迁。违章建筑，对保护对象有严重影响的建筑，对村庄风貌和功能有严重影响的建筑等，一定要拆。对乱堆乱放、私拉乱接、乱葬乱埋、乱开乱

挖等行为一定要整。拆和整做好了，乡村建设就完成一大半了。

做好规划和拆建工作，不仅可以做美村庄，更能拆出土地空间和建设资金。零星的散户和"空心村"拆除了，这些地方连同进村、进户的道路都可以整理成农用地甚至基本农田，只要认真研究，做好规划调整，很多原有的建设用地，就可以转化为新的建设指标和空间指标，用于解决新村的建设用地问题，甚至还能将其中的一部分转化为城市和工业园区建设指标，或者直接转化为乡村振兴建设资金。这是一座真正的金矿，中西部地区的蕴藏量更大。

有历史文化价值的古村落和古建筑，一定要千方百计地保护、修缮并加以利用。但是，要把一些保存价值不高且大量存在的老旧村、"空心村"同历史文化村落区别开来。

对于乡村建设，不能只讲情怀不讲实际，只顾怀旧不顾便利。有些"乡建专家"觉得"乡村就应该像我们小时候的一样"，一味主张要乡愁讲乡情，最好把乡村都复原成儿时模样：猪要圈在主屋边，鸭要放在田里面；煤气不能用，取暖用火坑；耕田要用牛，盖房要用草。当然，做几个当当景点、让我们怀怀旧是可以的，甚至做几个旧石器时代的也行，估计村民们还能靠它赚钱过日子，但多了肯定不行。

我们要把重要的、有代表性的、有各个时代人文意义的村庄，先通过认真研究，做好总体规划确定下来，再好好地加以保护、修复和利用。美丽乡村和乡村振兴，要有乡愁和乡情，也一定不排斥现代生活。美好的乡村生活是要在拥有便捷舒适的生产、生活条件的同时，也拥有绿水、青山、蓝天和小桥、流水、人家。时代在进步，从总体上看，现代乡村的要求比过去的乡村要求肯定会高很多。

乡村的"建"，主要是建一些与村民生产、生活密切相关的基础设施、公共服务设施，整治和美化村容村貌，包括路要好走、车要好开、通信要灵；包括安保、文化、教育、卫生等基础服务设施和服务人员配备要齐全。简单地说，城市里有的，我们乡下基本上也要有，努力实现城乡公共服务均等化。

第七讲
解决好美丽乡村建设中的一些常见问题

一、 什么样的村庄才算美丽乡村?

美丽乡村一开始的要求就是"村村优美、家家创业、处处和谐、人人幸福"。2015 年 4 月,国家标准《美丽乡村建设指南》发布,这个标准也坚持了这一要求。

村村优美——村庄环境要好。主要是指人居环境,包括道路交通、通信信息等基础设施,文化教育、医疗卫生、村民办事等公共服务设施,生态保护、垃圾污水处理等环境治理工作。这是美丽乡村的基础,是资金投入最大的工作,也是美丽乡村早期的工作重点。

家家创业——村民要有事做。或经商办企业,或务工,或务农,不养懒汉;要注重村民创业和就业技能的提升,注重电商、民宿等乡村新型业态的发展;要注重乡村一二三产的联动发展，注重招商引资到乡村发展产业。

处处和谐——干群关系要好，邻里关系要好，家庭关系要好；老有所依，幼有所教，壮有就业；优秀的乡村文化、特色文化、传统文化要得到保存和弘扬；乡村治理要务实高效。

人人幸福——人们的收入渠道要广，收入要高，城乡之间收入差距不大；生活要便捷，社会要安定，要有安全感；人们的生活幸福度、对党委、政府和村"两委"的满意度要高。

二、 农村人居环境改善的主要目标有哪些?

农村人居环境建设的目标是干净、整洁、安全、便捷，农村人居环境建设工作的内容就围绕这四个目标设定。

一是围绕"干净"，做好环境保护工作。

影响乡村干净的因素有很多，垃圾是否到处乱丢，污水是否四处乱排，水土流失是否严重，空气是否清新，土壤是否被污染等。

农村的垃圾可分为四大类：生活垃圾、建筑垃圾、农业生产垃圾和工业垃圾。生活垃圾又可以分为四类：可回收物、易腐垃圾、有毒有害垃圾和其他垃圾。需要分别做好"收集"和"处理"两项工作。

农村的污水有生活污水和生产污水。生活污水主要有粪尿水和其他生活污水；生产污水主要有养殖业污水和工业污水。污水也得分开收集、分开处理。

水土流失主要源于山体和植被的破坏。过度的采矿、采砂、采石，过度的毁林开垦种植经济作物，过度的放牧养殖等，都会造成严重的水土流失和环境破坏。这些都得按规定管起来。

二是围绕"整洁"，做好引导和自律工作。

"宜居"村庄要让人感觉很"整洁"，建筑要有风格，色彩要协调，建筑物规模与高度要适当，道路要通畅，没有乱搭乱建、乱堆乱放、私拉乱接等现象。要实现这些目标，引导和自律很重要。

引导主要是规划引导和样板引导。爱美之心人皆有之，村民们都喜欢自己的村庄漂漂亮亮的，但他们不知道怎么建。如果我们做好了规划，画好了蓝图，提供了大家喜闻乐见的、能够承受的样板房，绝大部分村民会很乐意按标准做事。

自律不仅仅是依靠村民自觉，而是通过"村规民约"进行规范和约束，实现村民的自我管理。当前，对村庄的规划管理还缺乏全面的法律规范，村民自治是最有效、最便捷的自律途径。要通过长期的奖勤罚懒、奖优罚劣，逐步让规矩成为习惯。

三是围绕"安全"，做好人防与技防工作。

居住在乡村要有安全感，这是人居环境好的基本要求。既要靠硬件，又要靠软功，做到人防与技防两手抓。

人防包括建立公共安全防控组织，做好安全巡查、治安排查、纠纷调解、消防自救，及时掌握、化解、处置好各类安全隐患和突发事件等。

技防是指配备和完善安防装备、安防设施。包括地质灾害点上村民生产生活场所的搬迁和防护，乡村道路危险路段警示标志、交通标线、安全防护设施、处险设施等的建设，村内临水临崖公共场所的安保设施和警示标志建设，应急消防设施包括森林消防设施的配备，治安防范监控系统建设等。这部分工程需要投入较大的资金，技术要求也比较高，应该在上级党委、政府和有关部门的帮助指导下实施，同时尽力争取上级项目、资金以及其他政策的支持，结合农村人居环境建设的其他项目同步实施。

四是围绕"便捷"，完善基础设施和公共服务。

真正宜居的乡村，还得有完善的基础设施和便捷的公共服务设施。

基础设施包括道路、水利、通信等。一般中心村与中心村之间的主干道路净宽应有 7 米，自然村与自然村之间的道路净宽应有 4 米，道路路面尽量用柏油路。安全饮用水要有保障，尽量集中统一供水。生产生活污水应处理达标后排放。防洪防涝抗旱设施、农田节水灌溉设施要逐步完善。电力、广播电视和无线通信设施要实现全覆盖、确保使用快捷方便。

公共服务应尽快向农村延伸覆盖。一个行政村要有一个集中的便民服务场所，为村民了解各类信息、办理各类涉行政类事务提供便利。文化体育活动场所和设施，如文化礼堂、灯光球场、健身路径等，应根据村民习惯，在方便村民使用的地方，合理布局设置。养老服务设施要方便老年人使用，可以集中，也可以考虑居家养老服务，因地制宜。乡村幼托所和医疗卫生服务站，可以单设，也可以和邻村共建，只要相对方便即可。

公共服务设施方面，还有一些是与乡村经营有关的，比如游客集散中心、公共厕所、农贸市场等，要按需配置。

这些基础设施和公共服务设施的建设需要大量资金，应该在上级党委、政府和有关部门的帮助指导下实施，尽力争取上级项目、资金以及其他政策的支持。

三、 村庄环境建设的钱从哪里来？

这么多年来，在城乡建设领域，我们走的一直是一条农村支援城市的道路。绝大部分资源都是向城市集聚，"城市像欧洲，农村像非洲"，农村人居环境建设的欠债太多。许多地方领导看看农村的状况，想想需要花钱整治提升这么大面积的环境，心里就会发怵：这得花多少钱啊！

确实，改善人居环境是要花真金白银的，这些钱从哪里来呢？从安吉县的实践情况看，这钱一定要花，还不是小钱，而且财政还要主动去花，但是，县财政只需要花点引导资金即可。那么，钱从哪里来呢？从以下 5 个方面来。

一是县财政的专项引导资金。 安吉县在 2008—2012 年的第一轮美丽乡村建设时，县财政投入农村人居环境的专项引导资金大约是每人 1500 元，平均一个村可以拿到约 300 万元。2013 年以后的第二轮创建，对创建成功的村庄实施的以奖代补资金大约是每人 3000 元，平均一个村可以拿到约 600 万元。每年县财政大约需要安排 7000 万元。

这笔钱不多，但十分重要。这是一笔引导资金，表明的是县委、县政府的态度，会给创建村带来极大的信心。

从这笔财政资金的引导效果来看，第一轮建设时，一般能带来总量是其 2—3 倍的环境建设资金，第二轮创建时则可以达到 4—5 倍。间接引导效果则更大，第二轮创建时，农村环境大幅度改善以后，平均还能带来约 100 倍的工商资本下乡投资。

二是乡镇财政的配套资金。 有能力的乡镇街道，比如有工业平台的、商业街区的、旅游度假区的乡镇街道，即可支配财政资金总量较大的乡镇街道，一般可以多配一些，没能力的则少配一些。在第二轮创建时，安吉县的乡镇配套资金与县里的奖补资金相比，平均能达到 1∶1。

三是上级支农政策的整合资金。 市级以上政府部门、政策性帮扶基金、对口援建等，都有大量的项目和资金，可供我们在建设村庄环境时整合使用。而且，上级支农项目在安排时一般也会要求地方配套一些，我们的县级专项资金、乡镇配套资金和村级自筹资金都可以成为地方配套资金的一部分。相互支撑，就可以争取到更多的项目资金。

在浙江，有 30 多个省级机关部门有支农项目，总数多达 100 多个。我们有些村庄在示范村的创建过程中，能争取到数千万元的项目，鲁家村的一个国家级田园综合体项目就争取到财政部项目资金 1.5 亿元、省财政配套资金 5000 万元。当然，这些资金不是全部用于人居环境建设的，有些用于产业发展，有些会有专项功能要求，但只要用在乡村，与人居环境改善的关联度肯定很高。

每个省、市都会有很多支农项目，只可惜很多地方缺少对接，或者协调和配合不够（详见第六讲）。

四是村民自己的钱。 村集体的积累、乡贤的捐助和村民的投工投劳投资，这3个方面的资金和投入，我们统称为"村民自己的钱"，如果运作得好，也是一笔不可小视的资金。

村集体如果注重创收，并注重积累，在美丽乡村创建时，就会有一笔可观的资金，通过村民会议同意，就可以把这些资金用于建设。

要做大村集体积累，先要处理好积累和分配的关系，有些地方习惯把集体经济收入在年底前全部分干净，几乎不提取村集体公积公益金，这是很糟糕的事。这样一来，今后村集体想要做点什么公共事业就没有主动权了，只能依靠上级拨款，那得层层申报，费时费力。即使上面同意了，给了一点资金，也只能看菜吃饭，给多少钱办多少事了。

所以，积累资金很重要。这些原先习惯把收入分光的村庄，首先要通过村民代表大会，尽快修订村集体收入使用管理办法，降低分配的比例，注重集中财力办大事。

创建是要让村民获益的，是为村民服务的，村民是创建的主体，当然是投入的主体。村民参与投入的形式有很多，有些是按人头，在能承受的范围内每人筹一点；有些是按村里的统一规划设计要求，自家干完自家的活，村里适当补一点；有些是通过细致的工作，达成共识后，降低被集体占用的土地的补偿要求，也算是对村庄公益事业的支持。

乡贤的捐助是比较普遍的，但效果如何要看乡贤的实力、数量和情怀，要看村干部的动机和目的，还要看做工作的方法。

五是工商资本的代建和共建投入。 随着村庄人居环境的改善，工商资本会愿意投资乡村产业，这些产业项目落地以后，项目业主会把村庄当作自己项目的外部环境，自然希望村庄环境越来越好。同时，项目本身会需要配建一些辅助设施和服务设施，这些设施往往也是村庄人居环境建设所需要的，这样，两家就很容易坐下来商议一下：两家共建一套，建得好一点，土地资源也可节约一点，以后的管理成本也大家分摊，行不行？一般都能谈出些代建或共建的办法来。

比如村庄人居环境建设需要改建村道，如果仅为村民出行服务，宽度一般达到4—4.5米就可以了，路灯和绿化的要求也不用太高。现在，村庄里落户了一个旅游项目，到项目地的道路需要有7米宽，路灯和绿化要求也高些。这条道路可以考虑与村里想修的村道一起修，也可以另辟一条路。但如果另辟一条路，投资会很大，也没地方。这时候，我们完全可以把两件事情并在一起做：村里负责所需土地的政策处理，修路和绿化亮化的事全由项目业主来做！村里会因此节约建设资金，开发商的投入不会增加，可能还会下降，手续会更方便，村民会更支持，项目进展会更快。各取所需，何乐而不为？

还有其他很多项目，比如停车场、游客接待设施、公共厕所等，也都是可以共建共享的。

四、 完善基础设施和公共服务设施的土地从哪里来？

一说建设马上就会想到土地指标，很多地方的领导会想：我们连城市建设、工业园区建设、道路建设的土地指标都十分紧张，现在又要我们搞乡村建设，各种各样的公共服务设施和基础设施需要向乡村延伸，都是需要占用土地的，哪来这么多的土地啊？

土地可以从乡村建设中"变"出来。

首先，要编制村庄布局规划或城乡建设规划。 把一些生态敏感地区、自然灾害易发地区、过于偏远不便于生产、生活的地区的村庄和散户列为搬迁规划，适当扩大城镇、中心村的建设规模，有计划地实施好规划落实工作。

在这一过程中，应该利用好"占补平衡"政策。一般来说，搬迁农户退出的建设用地，户均可达 1—1.5 亩，而相对集中安置后，即使采取单家独户安置，户均用地一般也不会超过 0.5 亩。建设用地总量会大大下降。节约出来的土地，可以通过调整规划的方式，一部分用于村庄的文化、教育、医疗、养老等公共服务设施建设，还有一部分可以节约下来，用来支援城市建设、工业园区建设，甚至可能还会有一部分可以用来交易变成乡村建设资金。

其次，努力盘活存量房屋设施。 村里原有的校舍、礼堂、村办企业的厂房可以盘活利用；政府、国有企业、机关部门在村里的一些闲置多年的房产，可以通过变更产权或使用权关系的形式盘活利用；村民和工商资本在村内的一些低效房产和土地，可以由村里收购后加以利用；村民闲置或部分闲置的住宅也可以入股的形式加以利用。所有这些方式，在浙江都有很多成功的案例。

五、 管事的人从哪里来？

美丽乡村和乡村振兴一样，是一项系统工程，是"三农"工作的总抓手。要做好这项工作，不是一朝一夕的事，也不是哪个部门一家的事。按照五大文明一齐抓的要求，党委、政府的各个部门都应该来管，自家的孩子自己抱回去。许多部门一开始会不适应，认为这是农业农村部门推卸责任，不愿意接受，这就需要一个适应和统一思想的过程。

事实上，除了城市管理部门以外，每个部门的法定职责都是覆盖城、乡的，只要是你的职责，城和乡都得管。长期以来，很多部门的工作已经习惯于以城市为主，对农村的关注太少，现在要求关注乡村了，反而感到不习惯了，觉得是额外增加工作任务了，农业农村部门的同志去找兄弟部门联系工作，也会有"给人家添麻烦"的感觉。所以，这需要拨乱反正，需要统一思想，这个过程有时会有点难度，往往需要党委、政府的主要领导亲自抓。

现在在安吉，每个部门对于自己在美丽乡村建设中有什么任务都很清楚。美丽乡村创建过程中，村庄应该做什么工作，达到什么要求，各部门都会按照本部门的职责和工作要求，制定好相关标准和工作目标，编入美丽乡村建设考核办法，下发给各个村；平时，工作推动情况如何，由部门负责指导和督促；到了年底，工作完成情况如何，也由本部门负责考核验收。

这样，专业的事就会由专业的部门来管了，无非是把我们各部门的工作向农村延伸。农业农村部门只要起一个牵头协调作用，各级、各部门也不会因此增加人员和编制。这就解决了乡镇及乡镇以上党委、政府有人管事的问题。

那么，村级及村以下做工作的人从哪里来呢？

我们的经验是：只要把村书记培养成德才兼备的优秀干部，村级及村以下有人做事的问题就能解决好，所有的"两委"干部、党员、队长、村民群众都能动员起来，大家一起，群策群力做好工作。

六、　为什么要坚持村为主体？

村民是乡村振兴的主体，但必须把他们组织起来。所以，乡村振兴一定要充分发挥村级组织事实上的主体作用。而与"村为主体"相对应的是"乡镇（街道）为主体"或"县为主体"。两者相比，发挥好村级组织的主体作用，具有巨大的优势。

首先，可以使"一家做"变成"大家做"。

目前，全国正在普遍推行农村人居环境改善工作，这是一项花钱的工作，针对的是全国数百万个规划保留自然村。每一个自然村的人居环境改善工作都由一系列的工程项目组成，总投入往往也需要数百万元，大的可能会有数千万元。这么大的资金量放在村里面，让村里做主用，能不能用得好、用到位？很多领导心里很不放心，认为村里是做不好的，要出事情的。怎么办呢？想来想去还是由县为主体或乡镇为主体来做。

其实这样更做不了，也做不好。一个自然村数百万元到数千万元的投入，也不是一个小数目，如果以县为主体做，县里总得安排一套班子来管这事吧，可能得有 10 多个人才行。一般来说，一个县区会有上千个甚至数千个自然村，像安吉这样，平均每年建设近 200 个自然村，县里怎么排得出这么多人呢？即使由乡镇出面来做，也做不了。但是，如果以村为主体来做，每个行政村每年做一个自然村，并不会感到很忙，安吉全县一年就可以做 187 个自然村，根本不需要专门增加人手。这项工作就由"一家做"变成"大家做"了。

其次，可以使"要我做"变成"我要做"。

如果不以村为主体做，往往需要层层下达建设任务，到头来又变成"政治任务"，下级或多或少会有"任务观念"。一般来说，这样的工作，时间效率会高些，但资金效率、质量效率不会很高。只有把这项工作的主动权下放给村里，做不做由村里自己定，而且，村里要做美丽乡村，想要得到县里、乡镇的政策支持，必须申请，获得批准才行。这样，这项工作就由"要我做"变成"我要做"了，效率会大大提高。当然，要实现这样的目的，还得让各个村庄和广大村民充分感受到美丽乡村建设给大家带来的好处。

第三，可以让"一分钱"变成"两分钱"。

乡村环境整治提升的欠债多、任务重，各地普遍感到资金压力大，怎样才能发挥财政资金的杠杆作用，让有限的资金发挥最大的效率呢？以村为主体是最好的办法。

如果这活是县里要求村里做的，一般来说，你要我怎么做我就怎么做、你给多少钱我就干多少活，这样的村干部已经是很好的了，那财政资金发挥的效果最多也就是 1∶1。如果以"村为主体"来做，那这些工程都是村里自己要做的，项目这么多、工程这么大，县里、乡里只给了这么点钱，怎么办？另外再想办法吧。通过大家努力，资金来源的渠道会越来越宽，财政资金的杠杆作用就会得到体现。

比如说要建一条 2 公里长的村道，改善村民出行条件，预算需要 100 万元。如果县交通局是业主单位，可能财政资金就是唯一来源。在前期的政策处理过程中，会碰到用地、拆迁、青苗补偿等问题，一般都需要用钱来解决。村干部往往会帮着村民向业主提出各种各样提高补偿金额的要求。最后，路建好了，钱可能 100 万元还不够。

如果业主是村里，情况就不一样了，村里会召开村民会议商议：这条路是非修不可了，估计光土建就得花 50 万元，上面只能补助 30 万元，怎么办，修还是不修？如果大家觉得克服困难也要修，那我们就动员村民投工投劳、捐款捐物，碰到用地、拆迁、青苗补偿等问题，可以在村民小组内部调剂解决，然后我们再想想别的办法筹点钱。结果，路也修好了。这 100 万元开支，其中县里和省里一共才奖补了 30 万元，还有 70 万元其实是农户们凑出来的，财政资金至少发挥了 1∶3 的效果。

这些年，安吉的美丽乡村建设，县财政投入的专项资金一般能撬动 3—5 倍的村庄人居环境建设直接投入（不含工商资本）。

第四，可以快速提升村干部的能力水平。

乡村振兴关键靠干部，其中最关键的是村书记。有了德才兼备的好干部，就会有人、钱、地等资源要素的集聚，就会有创建的办法。如何才能快速提高村干部的能力水平呢？"村为主体"是高效的办法。

乡村振兴以村为主体了，村庄里的事主要就要靠村干部们带着大家做，如果做得不好的责任都是村干部的。而且，创建工作又是村里自己申请来的，只许成功不许失败。那么，在碰到问题和困难的时候，他们就会积极主动地去动脑筋想办法，能力水平就会快速提高。

如果县或乡镇是主体，那么在实际工作中碰到困难和问题了，为了避免责任，村干部们往往只会反映问题，而不愿意去主动想办法解决问题。有时连反映都不愿意，就在那里等着；

有时为了体现自己工作的辛苦还会放大问题；有时为了使工作轻松还会向上级提出各种要求；反而会为解决问题带来难度和后遗症。这只会增加村干部的惰性，根本无法提高他们的能力水平。

其实，这就好比是老师和学生的关系，想要学生提高学习成绩，必须让他多思考、多做作业，而不能由老师替他们做作业，道理是一样的。

七、　村为主体要防范哪些问题？

一是防举债过多。 在竞争性创建的环境下，村里为了出形象，就会安排大量的建设任务，这些建设都是需要花钱的。如果前期项目整合不理想、资金筹措不够，到时候就会产生资金缺口。骑虎难下之时，就会去借债，有些甚至不惜高息集资。最后，一些村庄会被债务拖累，有限的村集体收入连偿还利息都不够，债务会越滚越多，再也没有钱搞村庄维护和新的建设了，建好的设施会很快破败下去，干部的精力也会受到极大的牵连，信心会受到打击，毫无成就感可言。所以，前期一定要做好建设资金的拼盘，广泛争取项目、筹措资金。建设时切忌好大喜功，要量力而行、尽力而为。

二是防权力过大。 权力是把双刃剑，用好了提高效率，用不好会害人害己。要把权力关进制度的笼子里，但所有的笼子都会有漏洞和缝隙，而且总会有那么一些人会去扒拉这些缝隙。防范权力滥用，首先需要当事人提高思想认识，不要心存侥幸。其次需要主管部门能及时发现漏洞，堵塞漏洞。我们发现，尽可能地做好村务、财务公开，落实好民主决策制度，效果十分明显。

三是防操之过急。 让村为主体实施乡村振兴，要示范先行，循序渐进，一批跟着一批做。这样既能及时总结经验，提高创建水平，又能便于统筹安排建设资金。要让具备条件的村庄先做，暂时不具备条件的先跟班学习，等到条件成熟时再做。有些地方的领导好大喜功，仗着财力雄厚，斥巨资一大片一大片地做，村干部和村民承接不了，就不顾实际包办代替。这样做出来的"美丽乡村"往往徒有其表缺乏内涵，千村一面没有特色。

四是防等待观望。 长期以来，我们的很多村干部已经习惯按照上面的指示行事，上面让干什么我们就干什么，上面让怎么干我们就怎么干，上面没指示我们就不干，而且要干事就要给钱。让这样的村干部带着大家实施乡村振兴，他们肯定缺乏办法，只会等待上级党委、政府给政策、给资金、给办法。这样的等待观望肯定是不行的，只会越来越落后。村庄要发展，村干部必须要有创新思维，要主动出击，要出奇制胜，绝对不能等、靠、要。

八、 为什么要坚持内外兼修?

乡村振兴战略"产业兴旺、生态宜居、乡风文明、治理有效、生活富裕"的要求就是内外兼修的要求,安吉县自 2008 年起实施的美丽乡村"村村优美、家家创业、处处和谐、人人幸福"的要求也是内外兼修。安吉县美丽乡村的实践证明,乡村要发展,必须走内外兼修的路子。如果说美丽乡村是一个有机体,那么这些内容就是这个有机体的主要器官。只有各个器官都健康,这个有机体才是健康的,才会不断进步、不断自我发展。

我们把村庄环境做好了,日常维护的费用也会增加,钱从哪里来?所以要增加村集体收入。家乡建美了,村民也想回来住,但家乡没有就业岗位,还是回不来,所以要发展乡村产业。大人回来就业了,孩子读书怎么办?镇、村的学校、幼儿园、托儿所也要办办好。年轻人回来了,想要业余文化生活怎么办?文化礼堂、数字影院、茶吧、书院、咖啡馆也要跟上来。所有的物质文明、精神文明、政治文明、社会文明、生态文明,都是新老村民的追求目标,都是我们努力工作的方向,这就意味着乡村振兴要追求内外兼修。

九、 做好美丽乡村和乡村振兴要坚持哪些理念?

美丽乡村和乡村振兴工作欠账多、基础弱、范围广，需要巨大的资金投入。各地党委、政府特别是三农主管部门的任务十分繁重，压力很大。需要坚持以下关键理念，才能多、快、好、省地做好这项工作。

一是坚持城乡一体化发展思路。

乡村的问题在乡村，但解决问题的途径和方法不能全在乡村找。从"产业兴旺"的角度看，农业一般以一产为主，加上一些简单的农产品加工。深加工和消费市场一般在工业园区和城镇，即使是乡村旅游，客户群体也以城镇人口为主。所以，乡村的产业需要城镇带动，如果把乡村和城镇孤立起来，乡村产业是很难做好的。从"生活富裕"的角度看，农民增收的主要渠道还是务工，农民的就业技能相对较弱，工业企业的流水线岗位是农民转移就业的最佳选择。

所以，要对整个县域的城乡布局和产业布局进行认真谋划，坚持宜工则工、宜农则农、宜商则商、宜游则游、宜居则居的原则，明确各个区块发展方向，做好错位发展工作。特别是工业园区建设、中小城镇建设和招商引资工作，对乡村建设和发展的带动最为明显，这可以让农民离土不离乡就能赚钱，还能兼顾家庭和农事。

二是坚持正确的乡村功能定位。

城乡一体化不是城乡发展无差别化，而是城有城的功能，乡有乡的定位。只有坚持自己的功能和特色，与城镇错位发展，乡村发展才会有生命力。

乡村应该是提供农产品、居住产品和乡村旅游产品的。这决定了乡村产业发展的定位。

乡村要生产优质农产品。虽然随着科技进步，许多农产品由工厂生产，产地也会离开农村，但是，真正天然、生态的农产品永远离不开土地，离不开乡村，乡村是优质农产品的天然产地，这是乡村发展的根本。

乡村可以提供特色优质的居住产品。随着经济发展和城市化的推进，大量乡村人口涌向城市，而许多城市高端人群会向往乡村居住环境。原住民的农村住宅闲置出来以后，如何开发利用，既满足市场需求，又帮助农民和村集体增收，是一个积极而又现实的课题。

乡村可以提供乡村旅游产品。城市人群是从山林、田地间走出来的，对乡村和大自然有着天然的眷念。在城市里住了一段时间以后，总会想着要去乡下看看，去看看山河湖海森林草原，去看看花鸟虫草牛羊鸡鸭，带着孩子去探究一下食物是怎样从土地来到餐桌的。这些乡村旅游的需求会随着经济社会的发展越来越旺盛。

三是坚持齐抓共管的工作方法。

乡村振兴是全局性、系统性的工程，工作任务十分繁杂，绝对不是哪一个部门单独能完成的，需要各部门在职责范围内把农村这一块工作都管起来。

在以往的工作中，大部分部门的工作重心一直都在城市，现在突然要求这些部门把工作重心也要往乡村移一移，他们会非常不适应，感觉增加了很多工作量，有时会叫苦连连；而农业农村部门的同志，大部分原来是搞农业的，也就是搞"三农"当中的"一农"，现在要把"农村"和"农民"两大综合性的工作也承担起来。虽然原党委农业农村工作机构的人员和职能也并入了，但很多地方原先这两方面的工作在实际操作方面人手少、基础弱，短时间内也会觉得无从下手、难以适应。

所以，各地党委、政府的领导，特别是主要领导，一定要高度重视这一问题，多花点精力，帮助部门领导在思想上尽快完成"拨乱反正"，在工作上尽快"走上正轨"。

四是坚持共建共享的协作理念。

乡村的建设、维护、运营、发展，投入大、任务重，这些工作应该让谁来做？很多领导会认为，这些事情只能由政府来做，因为投入大、回报少，村级组织力量薄弱，除了政府，谁还会愿意做呢？

其实，从浙江省的实践情况看，特别是从安吉县美丽乡村建设的经验看，地方党委、政府必须牵头、引导。除了政府，还要广泛动员各方力量来参与，才能提高效率，事半功倍，特别是在乡村产业发展、乡村社区治理、乡村环境维护、乡村文化营造等方面，起主要作用的不是政府，而是村民、村级组织和工商企业。

只有通过政府的各职能部门积极研究制定政策，把本部门的工作向乡村延伸，特别是通过把资金等资源要素和干部的精力向有积极性的、能做成事的乡村倾斜，才能起到政府对乡村发展的引导、帮扶和方向把控作用，才会激发村集体、村民、工商资本在乡村投资发展的积极性，各方主体在乡村发展过程中才会找准定位、各得其所、自我发展，最终形成共建、共营、共享、共赢的良好局面。

五是坚持村自为战的主体意识。

乡村首先是当地村民的乡村，村民是乡村振兴的主体，在中国，每一个村就是一个相对独立、完整的社会群体和基层单元，很多时候，村子里的事只有依托村民、组织好村民才能办成。

村民要靠村"两委"来组织。村级组织强，给点阳光就灿烂，事情总会做得好；村级组织不强，再扶也扶不起。所以，我们没有必要把资金、精力过多地投到村级组织不强的村庄，而是在保障基本、确保一般的基础上，把力量有重点地先投放到村班子强的村庄，先做成示范，求得以点带面。要把精力放到配强、育强村班子上来。

上级党委、政府在该放手时就放手。上面不放手，下面放手了，事情落不了地；上面放手了，下面抓紧了，结果会出乎意料得好。只有当村"两委"把这些事当成自己的事了，村民们真正当家作主了，事情才会做得好。那么，什么时候是该放手的时候呢？哪一块工作的制度齐全了，就放手哪一块的工作。

十、 如何激发村民和村干部的积极性?

很多基层领导干部,经过近些年来艰苦卓绝的脱贫攻坚战和农村人居环境改善行动,一说到建设和发展乡村,就会有满腹苦水:村民和村干部的积极性为什么会这么差?怎么总是"领导干、群众看","剃头挑子一头热"呢?

首先,我们要认真反思一下我们干的这些事,到底是不是群众最关心、最迫切需要解决的事,是不是改善他们的生产生活最需要解决的事。

其次,研究一下配强村班子还有没有更好的办法,特别是要找到一个想做事的、群众又信服的领头人。"火车开得快,全靠车头带",村"两委"有没有战斗力还得看村书记。当然,还要重视村干部的待遇问题。

第三,不断地"带着干部去旅游","带着村民去旅游"。到建设发展得很好的村庄去"旅游",最好是到资源和基础跟自己相似的村庄,去看看人家的村庄是怎么发展起来的?他们的村干部干了些什么、图的是什么?碰到哪些问题了、都是怎么解决的?他们的村民是怎么参与配合的、获得了什么?出发前做好充分的调研和准备,到达时注重交流和互动,回来后及时总结和反思。

然后排出工作方案和计划,坚定信心,相互督导,一步一步走下去。

十一、 如何让他山之石可以攻玉？

我们认为，通过考察学习，可以学到很多宝贵的经验和工作方法。

我们在平时的工作中，经常会碰到这样那样的困难和问题，在家里苦思冥想、再三研究也想不出万全之策。有时，即使想出了一些办法，也不敢试，担心实施不下去。其实，只要多方打听一下，然后花点差旅费，去看看别人有没有办法，实施的效果如何就行了，省时省力。

但是，有很多的考察学习团队出去看了、学了，回来往往感觉"差距太大""基础不一样""自然环境不一样""学不了""不可比"。那么，要怎样学习才能学到东西，并能为我所用呢？

第一，要学人家的发展过程。 他们现在确实比我们好很多，顺风顺水的，各种资源送上门，但原先是怎样的呢？用了几年发展成现在这样了？他们争取到了哪些政策和资源？在发展过程中，他们采取过哪些办法措施？然后与自己对照分析，可能就会发现有很多可取之处。

第二，要学人家的发展理念。 他们在发展过程中抓住了哪些机遇和突破口，是依托地理位置优势，还是生态环境优势？是靠产业发展来引领，还是靠环境治理作为先导？他们是怎样解放思想的，是怎样招商引资的，是怎样让乡贤和村民群众共建共享的？

第三，要学人家的工作方法。 他们在具体工作中采取过哪些行之有效的操作办法，都可以好好讨教。

第四，要善于取人"寸长"补我"尺短"。 不能指望只看了一两个地方，就可以学到解决自己所有问题的方法，也不能指望把别的村庄的发展模式都照搬照抄过来。只要在一个村庄学到一两样可以为我所用的东西就很好了。有些村庄的整体发展水平可能还比不上我们，但只要有一样工作做得比我们好，就值得我们去学习。千万不能眼高手低。

外出考察学习之前，就应该对双方的情况进行认真的研究分析，带着问题去，带着思考去。去了以后，一定要做深入的调查研究，要与对方真正掌握情况的人员进行交流互动。

十二、 怎样做好一个规划并很好地落地?

大家都知道，做一个好的规划设计十分重要。什么样的规划设计才是真的好，并且能够很好地落地呢?

一个好的规划设计，应该是看得懂的、村民喜欢的、当地的特色文化鲜明的、符合上位规划要求的、实施步骤清晰可行的，以及是和环境、产业、文化和社会治理相融合的。

要注重主动参与。规划设计团队进场以后，村书记要尽可能多陪同多参与，陪同他们踏看村庄、走访乡贤和农户、调研风土人情和特色文化、了解乡村发展的各种基础现状、弄清问题和困难等。对于村庄的建设和发展，村书记一定要有自己的观点、思路和对策措施，并要把上级和其他专家的观点和意图与规划设计团队认真沟通。

要注重多规融合。要服从上位规划，但有时上位规划之间也会相互打架，也会有明显不合理的地方，必要时，可以对上位规划提出修改和调整的建议。在此基础上，一定要注意把村庄环境整治提升规划、村庄建设规划、村庄产业发展规划以及村庄的文化发展、公共设施布局、基础设施发展等方面要求有机地融合在一起。

要注重村民意愿。村民的参与很重要，在多听取村民意见的基础上，规划草案要经过村级、乡镇级、县级评审，最终要经过村民代表大会通过才可以实施。一定要充分尊重民意，村民看不懂的，要有意识地跟他们解读，特别是跟他们切身利益有关系的那部分。

要注重简洁易懂。最终用于指导操作实施用的那部分规划文本，要简单易懂，其实只需要用一系列现状图与规划设计图对比的形式展示，再加一些文字说明即可，要让村民一看就懂。

要注重循序渐进。应该一次规划分步实施，每一年做什么事，预算需要多少，资金如何拼盘，要有一个通盘考虑。不要好高骛远，也不能过分保守。

要注重落地指导。对规划设计单位如何保证施工指导和跟踪服务要有约束，比如可以约定在设计费中要有一部分是"落地指导费"，要等到项目完成或进展到一定程度时才可以支付。同时，村里在实施项目时也要尊重设计方案，这方面的规定或约定也要有所体现。

十三、 长效管理有什么好办法?

村庄人居环境整治提升完成阶段性任务以后,马上会遇到如何长效维护和管理的问题。整治和建设其实并不是很难,维护和管理才是真不容易,这是一项需要持之以恒的工作,是一项长期与各色人群打交道的工作,而人其实天生是不自觉的,文明是靠管出来的。

所以,我们没有必要做太多的宣传发动、统一思想、提高认识,而是先要把所有的人设定为都是会偷懒的、都是不自觉的,包括我们的各级管理人员。然后设计好各种管理制度——非常严密的、没有漏洞的各项检查、考核、奖惩制度,再铁面无私地抓落实,在落实的过程中,不断地发现问题、修补漏洞、总结提高。

长效管理的内容要全面。除了环境卫生以外,公共设施的维护、生态环境的保护等一切与人居环境有关的事项都要纳入监管。要形成专项检查与群众监督相结合、人防与技防相结合的立体监管体系。

要不断创新方法,及时推广高效实用的长效管理办法。比如推进垃圾不落地、推进城市物业下乡、推行手机 App "乡村卫事"、推行农户环境卫生门前"三包"等。也有一些小小的改革可以带来很好的效果,例如我们要求环卫人员每人加配一个提桶和一把火钳，这两样小装备能把绿化带里的、沟渠里的、路边田园里的垃圾，特别是长期没有清理的"老大难"白色垃圾很快清理完，而且一般清理一次可以维持好长时间。

十四、 怎样做好农村生活垃圾的处理?

安吉县的农村生活垃圾处理经历了 3 个阶段，第一阶段是从 2002 年起，把农村的生活垃圾收到县城统一处理;第二阶段是从 2013 年起，进行垃圾分类处理;第三阶段是从 2016 年起，进行垃圾分类结合垃圾不落地处理。

现在的处理方式效果较好，主要做法为:

生活垃圾分成四大类:可回收物、易腐垃圾、有毒有害垃圾和其他垃圾，不要搞得太复杂。要实行二次分拣:尽量要求农户源头分好;农户未能分到位的，垃圾清运人员有义务指导督促，并负责进行二次分拣。可回收物由分拣人投售获益。

垃圾不落地要求村庄里没有垃圾，也不放垃圾桶。

检查考核主要由县长效管理办公室背靠背组织，考核的直接对象是行政村，村可以据此考核物业公司，物业公司考核垃圾清运人员，垃圾清运人员考核农户。

检查考核的结果运用要到位:与村"两委"主要领导的奖金挂钩;与县、乡对村集体的奖补资金挂钩;与村庄美丽乡村的品牌挂钩;弄不好村书记会因此被免职。还要与对乡镇的综合考核挂钩。不得含糊。

十五、 农村物业管理的经费怎么筹集?

农村物业管理的经费从 5 个方面筹措:县及县级以上财政资金以奖代补一部分;乡镇财政配套一部分;村民及村内其他常住居民缴纳一部分;村集体经济收入列支一部分;村内各经营户缴纳一部分。

哪个方面多一点,哪个方面少一点,根据各地的实际情况定,但每个地方都应该按照总量够用的原则,确定一个标准和各方承担的比例,避免相互推诿。

村民和村内常住居民一定要缴纳一部分,这不完全是钱的问题,某种意义上也是为了提醒大家,人人都有这份义务和责任。

安吉县的做法是:在乡镇财务建立"农村物业"专户,各方筹措的物业资金全部打入该账户,以便核查哪一块资金有没有到账、到账了多少、使用情况如何等。

1. 县级层面每年对村庄进行不少于 10 次的美丽乡村长效管理检查,并根据检查结果和受益人口数兑现奖补资金,平均每人每年约奖补 70 元。

2. 由村委会向村民和外来人员按照每人每年不低于 12 元的标准收取物业费用,目前平均约能收取 40 元。村内工商户也要缴纳应该承担的物业管理费。对于这些款项,要求做到便于核查是否按要求如实收取。

3. 乡镇（街道）、村集体根据实际情况由乡镇（街道）明确如何分担不足部分。平均也需要为人均再筹措 70 元。

十六、　农村生活污水应该怎样治理?

农村生活污水需要处理达标以后才能排放，以免对环境造成危害。对此应该科学对待，农村居住点多、面广，治理工作不可能一蹴而就，应该先重点再一般，不要主次不分，一哄而上。

建议新建安置小区一定要做，经营户一定要做；规划保留的自然村，要制定规划分期分批逐步做，其中中心村、乡村旅游重点村、常住人口较多的自然村先做；只有村民自住的零星散户以后再做，规划不保留的自然村和散户则不做，而且要加快他们的撤并搬迁。

农村生活污水处理是一项投入较大的、财政资金承担比例较高的环境工程，要做好实施计划，排定资金方案，方可实施。农村生活污水设施的日常维护也是一笔不小的开支，一般也需要财政安排资金，也要做好预算。

农村生活污水处理是一项隐蔽工程，工程质量把关很重要，要有专业的部门和单位把关。还要与人居环境整治的其他工程做好衔接，如道路工程、绿化亮化工程等，安排好先后顺序，避免重复建设；还要考虑到今后的发展需要，留有余地；还要考虑今后维护的方便，尽量降低今后的维护费用。

十七、 如何发掘、传承、利用好特色传统文化?

很多尚未开发的乡村,还保留着一些传统建筑、传统生活习惯、传统乡风民俗,一旦开始实施村庄人居环境改善工程,如果不注重保护,在野蛮设计和施工下,是很容易灰飞烟灭的。很多村里的民间故事传说,会随着"村民上楼"、外来人口涌入,很快被淡忘。这些都是无法挽回的损失,也是我们很多地方的乡村建设常常会被许多"乡建达人"诟病的原因。这必须引起我们的高度重视。

因此,安吉县在美丽乡村建设的考核体系中,明确要求,要坚持"一村一韵",充分发掘、传承和弘扬好每个村庄的传统、特色和文化遗存,把这些东西作为村庄的灵魂来展示、来传承、来利用,并且努力做成产业,为村庄的发展服务。

只要我们充分尊重和依靠村民群众,发挥好村里的老人、乡贤、当地的文化工作者、文物工作者、历史研究者和创意设计团队的作用,大家群策群力,共同努力,是一定能做好这些工作的。

当然,为了利用好这些文化元素服务于乡村发展,也有必要做些夸张、渲染,甚至是"无中生有"。

十八、 墙绘应该画什么?

这些年,全国各地在做美丽乡村的过程中,很多地方热衷于画墙绘,似乎墙绘多画一些,美丽乡村就建成了。文化也靠它,艺术也靠它,党建也靠它,教育也靠它,文明创建也靠它,美好生活也靠它。可怜的几堵墙,承载了太多的东西,真是无比荣光。

我们的建议是:墙绘可以承载一些这方面的功能,但要依靠它来实现这些目标是不可能的,几乎是毫无意义的。墙绘的作用在于艺术地提升人居环境,是为了添彩、添景、增加情趣,至少能遮丑也行。千万不要太随意,不仅没有美感,反而会使人觉得添堵、添乱。如果没有好的作品和高水平的画师,宁可不要画,让一堵墙干干净净地留着,也不错。

如何评价一幅墙绘好不好,有一个简单的评判标准:人们初次见到它时,会不会有惊喜的感觉,是不是有不少人会拿出手机来个随手拍。

十九、 乡村产业发展的主体是谁? 地位如何?

产业兴旺是乡村振兴的重点。那么,从事乡村产业发展的主体都有谁? 分别应该居于怎样的地位呢?

从安吉的实践情况看,乡村产业的主体包括村民、村集体、工商企业，以及他们内部和他们之间的联合体。

村民生于斯长于斯，世世代代依赖这片土地，是乡村产业发展的当然主体。不妨把村民的收入渠道看成村民的产业，他们的产业主要就是传统农业和依托乡村资源开发的一些第三产业，再加上务工和经商办企业。村民是乡村振兴的主体，村民"生活富裕"是乡村振兴的主要目标，如何组织好村民积极地参与乡村经营，让本村的资源和企业造福于村民，是村"两委"要关注的重点。

村集体经济是建设村庄、发展村庄的主要资金来源，也是抓好村庄管理的重要工具。乡村经营是村集体经济的源头活水，所以，村集体经济是参与乡村经营的重要主体。衡量一个村集体经济是否强大、是否健康的主要指标是村集体经营性资产的大小、年度经营性收入和总收入的多少。

真正要做大做强乡村产业，还得依靠工商资本。在浙江，乡村产业发展较好的村庄，投资的主体一般都是工商企业、民营企业，在安吉的示范村中，这一比例高达90%。民营资本的市场敏感度强、资金调度快、灵活度高、动力强、总量大，大量民营资本入驻乡村说明乡村经营的前景广阔，市场信心足。

另外，还有一些市场主体在乡村也很常见，比如农民合作社、村集体与工商资本的合资合作企业等。

应该说，在乡村经营的各类主体中，村民是根本，村集体是核心，工商资本是主力。

二十、 村集体经济适合哪些经营活动?

现在很多地区的村集体经济很弱,与乡村振兴"产业兴旺是重点"的要求差距太大,领导们心里很着急,希望尽快做大做强村级集体经济。有些领导会在缺乏研究的情况下就指示村集体做这做那,这是十分危险的。

我们试想一下,20世纪90年代的地方国有企业,除了垄断型的以外,大量的国有独资企业为什么会关闭破产,侥幸还有一口气的,地方政府也纷纷下决心让它们改制了?其实,这是一种顺应市场经济发展规律的无奈之举、断腕之举。

在市场环境中,一些国有企业存在的"产权不清、权责不明、政企不分、管理混乱"的弊病,决定了它一旦离开了政府的保护,在市场经济的海洋里,一般是游不了多远的,越游损失越大,越游死得越惨。难得有些短暂成功的个案,那都是靠领头人的一口正气顶着,把企业的事当成自己的事来办,还要有各种机缘巧合才成。

如果是村集体独资从事市场竞争很充分的经营活动的话,跟以前地方国有独资企业从事市场活动几乎是一样的。所以,我们认为,村集体独资企业从事经营活动要慎重,最好限于以下4种类型:

一是资源型的。经营自己村庄特有的资源。这种资源是自己村庄特有的,或者是周边一定的区域范围内是很稀缺的。比如低海拔地区的高海拔村庄、大片有价值的古建筑、人气很旺的名人、可以开发漂流项目的水资源和水环境等，通过包装，招商引资，让工商资本投资，村里凭资源入股即可得到源源不断的收益。

二是资产型的。利用地缘优势置办资产，如城市周边和工业园区附近的村，可以搞门店、写字楼、酒店、仓库、职工宿舍等，但一般不要直接去经营管理，可以出租，也可以租金保底、入股分红。可以把村庄景观、土地、村庄基础设施作为资产，工商资本进入以后折成一定比例的股份，直接享受保底分红。

三是垄断型的。当地党委、政府在合理合法的情况下，保护性地把一些工作交由村里完成，从而获得收入。比如把党政机关的、工业园区的物业服务工作交由村里做，食堂的蔬菜直接从村集体的农业公司采购等。当然，事情做好是前提。

四是服务型的。比如一个村庄里，或者村庄周边有很多农业企业或大户，他们需要一些诸如冷藏、育苗、初级加工等方面的服务，而每家每户单独搞又很不经济，也拿不到建设用地指标，那么，如果村里有条件就可以搞，既为他们提供服务，又可以为集体增收。

所有这些适合村集体的经营活动，一般具备两个特点：一是不需要市场谋略，二是收入便于核查。

二十一、村"两委"在村民增收上应该如何作为?

服务村民增收是各级组织的重要任务,村"两委"责无旁贷。可以从以下途径想办法:

一是积极招商引资发展乡村新型业态。 工商资本是发展乡村产业的主要力量,务工收入是一般村民增收的主渠道,只有大量投资来了,才有大量就业岗位,村民才有就业机会。所以,需要村"两委"摸清家底,寻找渠道,招商引资。

二是发展好合作经济组织和区域行业(产业)协会。 对于从事农业生产的村民,可以引导帮助他们成立并运营好合作经济组织,帮助他们提升质量、降低成本、开拓市场、增加收入。对于从事民宿、农家乐、小型农旅项目经营的村民,可以引导帮助他们成立并运营好行业协会,为他们提供一些配套服务,帮助他们规范运营、提升质量、提高效益。

三是组织好就业培训和劳务输出。 与当地劳动部门加强联系,掌握周边工业企业用工需求信息,如果有符合本村村民就业意向的,则可以加强合作,组织就业培训和劳务输出。

四是引导村民积极参加社会保障。 要引导符合参保条件的村民积极参加社会保障,特别是参加城镇职工基本养老保险,以有效保障他们的晚年生活。这是一项十分重要的工作。

二十二、 招引工商资本下乡，应该如何做好筛选?

随着乡村振兴战略的推进，随着农村环境的改善，会有许多工商资本将眼光瞄准乡村。这其中确有一些是真心关心乡村发展，不图回报的，但绝大部分是看中这个新兴市场，是来投资赚钱的。不管什么目的，只要他们愿意来，我们都要敞开怀抱，热烈欢迎。如果是捐赠帮助我们的，我们把每一分钱都用好。如果是来投资的，我们全力支持，做好配套服务，希望他们能在这里赚到大钱。但是，肯定会有那么一批老板，他们不是真心来做实业的，而是来圈地的，圈了地以后，迟迟不投入，或者做做样子糊弄人，这就需要防范了。

一般这些客商的胃口会很大，一开口就十几亿元几十亿元，一开口就是把全村甚至连周边村庄也都包下了，会跟你说不用再找别的客商了。一般承诺的开发的时序会较长，而且会要求跟你约定，他们会负责招商，你招引进来的开发项目也要与他们协商合作开发。当然，这一切看似都是很正常的合作条款，让你很难推脱。

这个时候，我们就应该十分冷静地去考察他们。

一是要看对方到底是不是有这个投资实力。要研究一下对方近些年的经营业绩、资产规模、行业地位、盈利能力、负债比率等情况。

二是要看对方到底是不是有这个投资诚意。要研究一下对方以往的投资方向，主要是靠什么赚钱的，是风险型的还是稳健型的，是短线的还是长线的，然后做出自己的分析和选择。涉农产业一般需要长线的、稳健型的。

三是要看对方有没有同类项目的成功案例。如果有，一定要实地去调研，而且要与项目所在地的地方领导和村干部做些深入的交流，多掌握一些真实的情况。最好不要成为他们的试验品。

四是要加强招商力度，愿意来投资的老板越多越好，选择的余地就大。一般来说，不要让一个大公司把整个村子甚至几个村子都包下，一个村子或一个区域的投资商多、产业关联度大、三产融合度高、村民易就业易配套，这样的产业结构就好，也会更受村民欢迎、易落地。

二十三、 多村联创或连片打造应该怎么做？

安吉县从 2017 年起试行多村联创，外地很多地区也在实施连片打造，追求的效果基本一致。

做一两个村太少，无法形成规模效应，示范意义也不大。最好打造一个连片的区域，如果有五六个村子连成片了，效果就会比较好。当然，很多地区的连片打造容易只停留在道路、水系、亮化、绿化、农房的干净整洁等景观效果上，这是很可惜的。

安吉的多村联创，除了这些基本的要求以外，更加注重基础设施、公共服务设施的共建、共营、共享，产业及其配套设施的合理布局，以及管理方面体制机制的完善。

比如说文化礼堂、数字影院、医疗卫生服务站、幼儿园等设施，每个村都需要，但是不是每个村都要自己建呢？如果每个村都建，投入就大、用地就多，资金和土地就是大问题；而且因为每个村都做，每个项目的规模就会较小，不上档次，以后的利用率也会较低，每个村自己要承担的管理成本就会较高。

如果几个村子相距不远，村民之间平时的交往也是比较融洽频繁的话，就可以考虑各村依托各自的特色和优势，分头建些不同的设施，比如张家村建一个文化礼堂、李家村建一个数字影院、陈家村建一个医疗站、朱家村建一个幼儿园，所有这些设施各村都能使用。避免"小而全""低小散"。

再比如产业布局，各村可以做强做大自己的特色和优势产业，宜农则农，宜工则工，宜游则游，相互之间错位发展，避免同质竞争。比如张家村在高山上，风景好、夏天清凉，搞农家乐度假；李家村在半山腰，水资源丰富，搞些漂流戏水项目，吸引人气；陈家村在山脚，土地多，搞有机蔬菜种植。各村招商引资的重点也就很清晰了，相关的配套设施也可以按这些布局要求落实。

当然，做好这些工作需要建立一个村际层面或乡镇层面的、强有力的协调机构，和一套兼顾各方的协调机制。

二十四、 怎样做好农房建设的风貌管控?

农民建一幢房子不容易，可能就是一代人一辈子的主要成就，总得管几十年，不能随便动。

如果农民建房没有管控，农民有钱了，想在哪里建就在哪里建，想建多大就建多大，想建多高就建多高，想建什么风格就建什么风格，想建几幢就建几幢的话，那就乱套了，村庄就会乱七八糟，以后想管都很难管好，到时矛盾会更多，损失会很大。所以，农房建设的风貌管控十分重要，越早越好。

那么，怎样做好农房建设的风貌管控呢?

第一，要建立和落实好农村建房审批制度。 农村建房一定要有规矩，要界定可以在哪里建、可以建多大、可以建多高，要规定建好新房要拆除旧房，并把土地还给村集体等，这些都要建章立制，统一规范。

第二，对农民建房要有引导方案。 要使新农房的外观能够符合村庄的总体风貌，具有当地的文化内涵，符合村民的审美需求，最好要有引导方案。为了使农房建设上档次，也是为了给村民建房提供设计服务，从 2007 年起，安吉县规划与住建部门每两年会出一期《安吉县农村建房指导手册》，每一册会有近 20 个户型的别墅设计图，包括外观效果图、每一层的施工图、主要材料用量预算、样板房的坐落位置等内容都有了，免费发放给各村，供农户建房时选择，农户就不用花钱再找设计单位做设计了。而按照这些图纸建设的新房，都是符合当地乡村风貌要求的。既为村民建房提供便利，又能轻松地统一村庄的农房建筑风格。

第三，村规民约要发挥好作用。 即使做好了引导方案，建立了农村建房制度，如果村民仍然挑不中，要建别的款式，而且这款式明显与村庄整体风貌有冲突怎么办？如果村民不按规划审批条件建设，超高了一点或超大了一点怎么办？真正有效的管控和制裁还是要靠村规民约，这是弥补法律空缺的最好办法，尽管没有城市规划执法那么坚决有效，也比没有要好。比如，村规民约可以要求缴纳建房押金、可以要求建房承诺，违反的可以惩罚，遵守的可以奖励，一般情况下，效果还是比较好的。

二十五、 如何把握乡村自治的重点？

乡村治理的主要手段包括自治、法治和德治，其中村民自治最为重要。

一要树立"制度管人"和"为民谋利"两大理念。

坚持制度管人，是治理之本，村民自治也一样。制度管人主要是管好干部，只要坚持先管好干部及干部家属就一定能管好村民群众。

坚持为民谋利方能得民心。一切乡村自治工作都要围绕村民的利益，或者说要围绕绝大多数村民的共同利益、根本利益展开，这样，村民才会拥护，自治才可持续。

二要突出"财权"和"事权"两大对象。

村集体的"钱"是怎么用的,"事"是怎么管的,是村民最关心的两大村集体事务,一定要通过建章立制规范起来。

三要用好"公开""民主""村规民约"三大工具。

不仅要按照上级要求公开应该公开的党务、村务和财务事项,还要针对本村不同村民接收公开信息有难度,创新思路和方法,让他们及时收到这些公开的信息。

重大事项不仅要走完法定的和上级要求的程序,还要能广泛征求乡贤的、专业人士、老干部代表的意见和建议。

村规民约能不能在村级事务管理中发挥较好作用是村庄管理水平的重要体现。村规民约忌烦琐,要实用,它是为了弥补法律法规对村庄事务规范的不全面不充分而定的,所以,凡是法律法规已有明确的就不必誊抄了;有些罚则,暂时做不到的,也可以先不要放上去,待以后条件成熟了再放,以维护村规民约的严肃性。

附　录

安吉县建设"中国美丽乡村"精品示范村考核验收办法（2019年修订）

为进一步明确"中国美丽乡村"精品示范村建设内容和目标，切实做好建设"中国美丽乡村"精品示范村工作的考核和验收工作，特制定本办法。

一、指导思想

深入贯彻党的十九大精神，践行"绿水青山就是金山银山"理念，按照"产业兴旺、生态宜居、乡风文明、治理有效、生活富裕"的乡村振兴总要求，遵循国家《美丽乡村建设指南》基本要求，拉高标杆设定建设内容及考核标准，创建更高品位的"中国美丽乡村"精品示范村，使之成为中国"乡村振兴"的村级样板，使安吉县的"三农"工作继续引领全省，走在全国前列。

二、基本原则

1. 坚持"产业兴旺、生态宜居、乡风文明、治理有效、生活幸福"总要求，确保美丽乡村全面健康可持续发展。

2.坚持政府主导、整合资源、村为主体、群众支持、社会各界和工商资本广泛参与，共建共享美丽乡村。

3.坚持"一村一业、一村一品、一村一景、一村一韵"，使美丽乡村特色鲜明、错位发展、优势互补。

4.坚持示范引领、循序渐进，巩固一批、创建一批、培育一批，不断完善和创新示范模式，相互学习，滚动发展。

5.坚持高水平规划设计、高质量建设施工、高标准长效管理，确保村庄环境建设和管理水平一流。

6.坚持"公开、公平、公正"原则，细化、量化考核评分细则，科学规范地设置考核程序，使考核工作获得各方认可。

三、准入条件

申报"中国美丽乡村"精品示范村创建的行政村应具备以下基本条件：

1.上年度"中国美丽乡村"长效管理考核结果"好"不少于5次，"一般"不超过1次，不出现"差"。

2.村级组织廉洁务实，村级班子创造力、凝聚力和战斗力强，群众参与创建的积极性高。

3.上年度年村集体经营性收入在50万元以上或人均年村集体经营性收入在500元以上，创建资金来源合理、可靠，村级债务可控、可化解。

4.美丽乡村经营工作思路明晰，农村一二三产融合发展潜力大，经营有基础，村庄发展规划科学先进。

四、考核指标

"中国美丽乡村"精品示范村创建遵循《美丽乡村精品示范村建设规范》县级地方标准，围绕"产业兴旺、生态宜居、乡风文明、治理有效、生活幸福"总要求，设置 44 项考核指标，总计 1000 分。考核设置附加分，最多加 15 分。

五、资金补助和奖励办法

"中国美丽乡村"精品示范村创建期不超过 2 年，巩固期为 2 年。对通过考核的村，在每村 200 万元基础奖的基础上，根据创建村考核等次、名次和户籍人口数（当地公安机关在册人数）给予不同标准的以奖代补。行政村户籍人口不足 1000 人的按 1000 人计算，超过 3000 人的按 3000 人计算。少数民族村和平原水乡区村加奖 10%。考核得分 950 分以上（含 950 分）的为一等奖，人均奖励 2000 元；考核得分 900 分（含）至 950 分的为二等奖，人均奖励 1500 元；考核得分 850 分（含）至 900 分的为三等奖，人均奖励 1000 元。当年新创验收的村数在 5 个以上且考核得分均在 950 分以上的，排名末位的降为二等奖。对获得同一等次奖励的村，按得分高低排名，名次居中间的 1—2 个村（当年验收超过 10 个村的按第 5 名为中间名次）按 100% 计奖，从中间名次起，排名每进一位，按行政村人口每人加奖 50 元，每低一位则扣奖 50 元（第一名与最后一名按人口计奖标准相差不超过 400 元）。考核得分 850 分以下的村，不予通过考核，但允评按原程序重新申报，在次年再申请考核验收一次。通过考核的村，提取奖励资金总额的 15%

作为保证金，在巩固期内复评通过的，保证金返还基数均按中间名次计算办法计算，比例按第一年10%、第二年5%予以拨付。第一年复评升级的，按上年度相应等级最后一名计奖办法计算拨付奖补资金差额。具体按"中国美丽乡村精品示范村"巩固期保证金拨付办法执行（详见附件）。

六、前期培育

计划开展精品示范村创建的村，可在实施创建前开展创建培育，即列为培育村，通过前期培育打好创建基础。培育期应做好以下工作：

1. 达到申报创建的准入条件；

2. 培育干部队伍，统一群众思想，整合多方资源，强化招商引资；

3. 完成精品示范村创建的3项规划编制和评审；

4. 完成村域"三改一拆""四边三化""五水共治"基本任务。

七、多村联创

1. 多村联创（以下简称"联合体"），是指毗邻的两个或两个以上行政村共同创建并同时验收。联合体内各村均需满足准入条件（人均年村集体经营性收入可按联合体总体平均）。联合体须总体规划、分村详规，联合体内公共服务设施和产业配套实施布局合理、共建共享；各村之间产业互补、三产融合；联合体管理体制健全、机制完善、运转良好。

2. 联合体内各村同时接受考核，考核分村进行，各村得分的平均数即为联合体得分。联合体作为一个主体参与全县当年精品示范村竞争性名次评定，所获等次即为各村等次，授予各村相应荣誉。为了保证联合体整体创建效果，联合体内较早启动创建的村可以适当延长创建时间。

3. 联合体奖励资金根据所获竞争性名次，按前列办法分村计算，但平均每村人口不足 1000 人的按 1000 人、超过 2000 人的按 2000 人计算。奖补资金统一补助到所在乡镇（街道），由乡镇（街道）统筹用于联合体的创建工作。

八、申报、审核及验收程序

严格申报制度，确保建设的时序和质量。年初由乡镇对照创建要求和考核标准，向县新农办做好创建村申报工作，包括培育村、新创村、验收村的申报。县新农办会同组织、财政、农业农村局、资源规划局等部门对提出申报的村进行严格初审，做好奖励资金测算，提出初审意见报县新农村示范区建设工作领导小组研究后确定年度创建对象。县确定的当年创建村，按要求向县新农办报送分年度的创建工作计划。对计划当年验收的村，8 月底前由县新农办会同住建、自然资源和规划、文体旅游等部门对重要土建工程项目的进展情况进行中期考核验收，考核结果占相关指标年终考核的份额不少于 30％。年底由县新农办会同有关部门，对要求考核验收的创建村进行考核验收。要求考核验收的村，需由所在乡镇提出申请。考核验收时，创建村应向考核验收组报告创建工作情况、提供各项考核指标完成情况的说明和相关证明材料。考核结果经县新农村示范区建设工作领导小组审定，报县委批准后予以表彰和奖励。领导小组审定时应抽查不少于10％的部门评分情况。

九、附则

（一）考核验收如遇下列情况之一的，经主管部门确认，实行一票否决：

1. 根据中共浙江省委办公厅、浙江省人民政府办公厅印发的《浙江省平安市、县（市、区）考核办法》（浙委办发〔2017〕23号）和省平安办年度考核评审文件精神，当年发生严重危害国家安全事件、严重影响社会稳定事件、严重刑事治安案件、严重影响经济秩序案件、严重安全事故、严重公共安全事件的；

2. 考核验收中发现弄虚作假现象的；

3. 创建期和复评期内，新增建设用地涉及占用永久基本农田及创建过程中非法占用耕地的。

（二）考核验收如遇下列情况的，经主管部门确认，采取降低一个档次奖补等办法处理：创建期和复评期内，对在本村范围内发生的毁林毁竹等破坏森林资源的违法行为，造成严重后果的，经领导小组研究决定，可以直接取消创建资格，降低奖补等次或取消"中国美丽乡村"精品示范村称号。

本办法由县新农村示范区建设工作领导小组办公室负责解释。

附件：1. 安吉县建设"中国美丽乡村"精品示范村考核指标与计分办法

　　　2. 安吉县"中国美丽乡村"精品示范村巩固期保证金拨付办法（略）

附件 1：安吉县建设"中国美丽乡村"精品示范村考核指标与计分办法

一、考核指标及数据来源

类别		指标编号	指标内容	单位	指标值	指标权重	责任及数据来源部门	备注
产业兴旺	315分	1	村域内工商资本投入情况	—	见解释	45	统计局、经信局、农业农村局、资源规划局、发改局、文体旅游局	首位与末位拉开差距10%至20%
		2	村级集体经营性收入	万元	见解释	48	农业农村局	首位与末位拉开差距20%以上
		3	村民人均可支配收入	元	见解释	45	国家统计局安吉调查队、农业农村局、财政局	首位与末位拉开差距10%以上
		4	高质量就业创业	—	见解释	45	人力社保局	
		5	现代产业发展	—	见解释	36	农业农村局、资源规划局、文体旅游局、投资促进局	
		6	集体经营性资产	万元	见解释	36	文体旅游局、农业农村局、资源规划局	

类别		指标编号	指标内容	单位	指标值	指标权重	责任及数据来源部门	备注
产业兴旺	315分	7	新型业态	—	见解释	30	农业农村局、文体旅游局、商务局、邮政公司	
		8	新型农民培训及"两创"	—	见解释	20	农业农村局、团县委	
		9	"诚信彩虹"农村信用工程	—	见解释	5	农商银行	
		10	村企合作共建	—	见解释	5	统战部、工商联	
生态宜居	242分	11	规划编制及执行	—	见解释	40	资源规划局、住建局、农业农村局、文体旅游局	
		12	村庄建设品位	—	见解释	40	住建局、综合执法局、交通运输局	首位与末位拉开差距10%以上
		13	村域环境污染治理	％	见解释	30	市生态环境局安吉分局、文体旅游局	
		14	农业资源保护和面源污染治理	％	见解释	10	农业农村局、市生态环境局安吉分局	
		15	卫生厕所普及	％	100％	15	卫健局	

续 表

类别	指标编号	指标内容	单位	指标值	指标权重	责任及数据来源部门	备注
生态宜居 242分	16	"四边三化"执行	—	见解释	30	生态文明办、综合执法局、交通运输局、水利局、资源规划局、农业农村局等	
	17	殡葬改革	—	见解释	12	民政局	
	18	长效管理机制及效果	—	见解释	45	农业农村局、综合执法局等	
	19	农村安全饮用水	—	见解释	20	水利局、卫健局	
乡风文明 110分	20	文明创建	—	见解释	15	宣传部	
	21	美丽家庭创建	—	见解释	10	宣传部（文明办）、妇联	
	22	低收入农户及残疾人权益保障	—	见解释	10	农业农村局、残联、民政局	
	23	"五好"关工委工作及"敬老文明号"创建	—	见解释	10	组织部（老干部局）、团县委、妇联、卫健局（老龄委）	
	24	文化传承与发展	—	见解释	45	文体旅游局、档案局	首位与末位拉开差距10%以上

类别		指标编号	指标内容	单位	指标值	指标权重	责任及数据来源部门	备注
治理有效	213分	25	诚信体系建设	—	见解释	5	宣传部、政法委	
		26	村民支持和参与度	—	见解释	15	农业农村局、团县委、妇联、卫健局（老龄委）	
		27	基层组织建设	—	见解释	37	组织部、纪委监委	
		28	农村"三资"管理	—	见解释	30	农业农村局	
		29	农民住房宅基地登记发证及建设许可规范	%	100%	5	资源规划局、住建局	
		30	便民服务中心规范化建设	—	见解释	38	民政局、农业农村局、宣传部、残联、广电台、电信公司、气象局、邮政公司	
		31	美丽乡村标准体系建设应用和系列商标注册使用及管理	—	见解释	20	市场监管局	
		32	推进农村社区治理机制建设	—	见解释	13	民政局	
		33	平安村创建	—	见解释	10	政法委	

续　表

类别		指标编号	指标内容	单位	指标值	指标权重	责任及数据来源部门	备注
生活幸福	120分	34	民主法治村及信访"无访"村创建	—	见解释	10	司法局、信访局、政法委	
		35	广播电视基础设施建设	—	见解释	10	广电台	
		36	农村安全管理	—	见解释	40	交警大队、消防大队、应急局、市场监管局、供电公司	
		37	学前教育及义务教育法执行	%	见解释	10	教育局	
		38	基本医疗保险参保率	%	99.5%	15	医疗保障局	
		39	基本养老保险参保率	%	98%	15	人力社保局	
		40	公共卫生服务达标及计划生育管理	—	见解释	20	卫健局	
		41	健身设施建设运行与维护	—	见解释	10	文体旅游局	

类别		指标编号	指标内容	单位	指标值	指标权重	责任及数据来源部门	备注
生活幸福	120分	42	便农支付工程建设	—	见解释	5	人行	
		43	农村小菜场整治及农村消费者权益保护	—	见解释	15	市场监管局	
		44	群众满意度测评	—	见解释	30	国家统计局安吉调查队	
小计						1000		
附加	15分	附加1	近两年内每获得一个考核指标中未明确计分的其他省部级以上先进的加3分，市厅级先进加2分，县处级加1分，同级党委、政府工作领导小组的按70%计分，办公厅（室）的按30%计分，最多加5分			5	由专家评定组研究确认	省部级指省委、省政府和国务院部委
		附加2	创建期内被列入县级以上美丽乡村建设推进会现场的每次加1分，不超过2分；成功创建为省美丽乡村特色精品村和省振兴乡村精品村的各加2分；成功创建为市美丽乡村精品村的加1分；获得县级新时代文化实践样板站的加3分；另创建工作有显著特色的酌情加分。最多加10分			10	由专家综合评分确定	首位与末位拉开差距50%
合计						1015		

二、考核指标解释及计分办法（略）

2017 年安吉县"中国美丽乡村"长效管理办法

为有效巩固"中国美丽乡村"创建成果，深入推进社会主义新农村建设，特制定本办法。

一、工作要求

坚持城乡统筹、建管并重原则，按照"公共卫生保洁好、园林绿化养护好、基础设施维护好"的总体要求，以成功创建省级"美丽乡村示范县"为新契机，全面提升县域环境质量，切实把加强"中国美丽乡村"长效管理机制建设、持久巩固"中国美丽乡村"创建成果，作为建设中国最美县域的一项重要基础性工程来贯彻实施。

二、工作机制

实行县、乡镇（街道）、行政村三级联动和社会共同参与的管理机制。

1. 在县新农村建设示范区领导小组的统一领导下，县农办、文明办、综合行政执法局（城市管理局）、交通局、环保局、住建局、卫计局、水利局等单位共同成立督查考核办公室，办公室设在县农办，主要负责全县"中国美丽乡村"长效管理的日常监督与考核工作，人员从相关单位抽调。

2. 按属地管理原则，各乡镇（街道）负责本辖区各行政村（农村社区）长效管理工作，成立相应的领导小组，强化长效管理工作班子，建立"乡镇物业中心"，实施规范化、标准化管理。各行政村（农村社区）"两委"为具体实施主体，根据实际情况，建立完善的长效管理工作制度，组建专业物业管理队伍（原则上每100户或每250人不少于1名物业管理员）。同时，各乡镇（街道）应结合本地实际，进一步探索长效管理的有效机制和工作办法，逐步试行物业管理社会化、公司化运作模式，切实提高长效管理工作水平。

3. 各职能部门要切实结合基层需要，积极开展业务指导和行业监管，形成上下联动的良好格局。县交通局要健全省、县道沿线长效管理办法，提高管理水平，并指导各乡镇（街道）、村加强乡村道路沿线的长效管理；县综合行政执法局（城市管理局）要狠抓城管执法队伍建设，强化一线执法管理，积极探索垃圾分类减量处理试点，并加强对农村保洁队伍的管理和培训；宣传部门要切实加强人民群众素质的教育和提升，积极研究适用的宣传引导载体，大力培养符合生态文明要求和特点的现代生产、生活习惯。县卫计局、住建局、环保局、农业局、水利局、文广新局、体育局等部门都要切实履行职能，抓好业务指导和行业监管工作。

4. 城郊接合部综合整治办要按照"综合整治、长效管理"的原则，立足管理体制机制和方式方法的创新，不断改善城郊接合部环境面貌；县文明办和县妇联要结合"美丽家庭"建设和文明单位创建，抓好农户、单位责任区的卫生保洁工作，提高已评户的挂牌率，建立"美丽家庭"和文明单位的督查、摘牌和复评长效管理机制。

5. 工、青、妇等各级群团组织要广泛开展"四季美丽"文明规劝活动，倡导生态、文明的生产生活方式，根治"四抛六乱"等有损环境的行为，全面提升城乡文明水平。

6.建立立体监管体系，设置 App 网络举报平台，对群众和新闻媒体投诉举报存在问题无异议且整改不及时的，对所在村的长效管理实绩扣分。县长效管理办组成专门督查力量，加大督查力度，群众网络举报平台、部门长效管理督查和县长效管理办公室专门督查的三方督查同步立体推进，具体办法由县长效管理办公室制定，县新农办研究确定。

三、经费保障及管理

"中国美丽乡村"长效管理经费采取环卫保洁费个人缴纳、长效管理资金村集体筹资、乡镇（街道）补助、县奖励等方式筹措。

1.个人缴纳：各行政村（农村社区）常住人口原则上以每人 12 元/年的标准缴纳，具体按《浙江省村内"一事一议"筹资筹劳实施办法》（浙农经发〔2006〕4 号）执行。

2.村集体筹资：乡镇（街道）所属行政村（农村社区）范围内的企事业单位、农家乐、饭店、商店等经营场所的长效管理经费筹资，由乡镇（街道）、行政村（农村社区）根据实际情况确定具体标准收取。

3.乡镇（街道）补助：各乡镇（街道）按县核准常住人口每人不低于 20 元/年的标准补助。

4.县奖励：由长效管理机制考核奖和长效管理实绩考核奖组成，奖励标准按照《安吉县"中国美丽乡村"长效管理奖励办法》执行（具体见附件2）。

以上资金统一缴入"乡镇物业中心"账户，由各乡镇（街道）进行日常管理，使用严格执行专款专用原则，并接受审计监督。

四、强化监督考核

在县新农村建设领导小组的统一领导下，督查考核办公室采取月检查、年考核的方式，全面强化美丽乡村长效管理监督考核工作。

实行月督查制度，每月组成督查考核组，分片深入各行政村（农村社区）开展抽查检查工作，并录制影像资料，对照标准进行评分，建立工作台账，以此作为对各乡镇（街道）、村（农村社区）长效管理实绩考核的依据（考核办法见附件5、附件6）。

实行月通报制度，对明察暗访和群众投诉中发现的突出问题，下发限期整改通知书，督促限期整改。对整改不力、推诿扯皮的进行通报批评。

实行年终考核制度，每年年底对各乡镇（街道）、行政村（农村社区）进行全面考核，根据考核结果，兑现相关政策。

实行部门履职情况报告制度，根据督查中出现较为集中的问题，职能部门要依法依责实施专项整治，落实整改措施并报告整改情况，部门履职情况由县考核办负责考核。

各乡镇（街道）、行政村（农村社区）要健全相应的日常检查、考核和督查机制，切实加强辖区内美丽乡村长效管理工作。要充分发挥巾帼保洁队、青年志愿者等群众团体的作用，聘请义务监督员，设立举报投诉电话和定期通报窗口，广泛接受社会各界的监督，教育引导广大群众树立美丽乡村共建共享共管的良好氛围。

本《办法》自 2017 年 1 月 1 日起实施。原安委办〔2013〕50 号文件同时终止。

附件：1. 安吉县"中国美丽乡村"长效管理标准（略）

2. 安吉县"中国美丽乡村"长效管理奖励办法（略）

3. 安吉县"中国美丽乡村"品牌管理办法（略）

4. 安吉县"中国美丽乡村"长效管理投诉举报奖励办法（略）

5. 安吉县"中国美丽乡村"长效管理乡镇（街道）考核办法（略）

6. 安吉县"中国美丽乡村"长效管理行政村（农村社区）考核办法（略）

逐梦在绿水青山之间

——赋石村书记程品良在美丽乡村创建考核会上的汇报

大家好，我叫程品良，今年 67 岁，我的祖祖辈辈都生活在这个山边上的渔村里，我对村里一草一木、一枝一叶都熟悉得不能再熟悉了，这里的山，爬过树掏鸟窝、上过山打板栗，还有好几亩的白茶山年年增收；这里的水，撑着筏撒过网，蹚着水游过泳，还有抓不完的船头鱼招亲待友。我太热爱这片绿水青山了。24 岁那年我当兵回来，一头扎进了村里，这一干就是整整 43 年。直到今天，我从一个乳臭未干的毛头小伙子，如今都已经当爷爷了，而在这过去的 43 年的时间里，有无数个或星月当空或是风雨交加或酒后微醺的夜晚，我都在想，如何让这个相守了大半生的村落发展得更好些，老百姓的日子怎样才能过得更好些。而今天，我终于可以自信地给自己，给那个 43 年前刚刚到村里的自己，一个满意答案！书写这个答案，我和我的战友们整整用了 2 年。

仰望梦想

还记得 2018 年年初，我们赋石村通过百般努力，积极争取，终于被列入美丽乡村精品示范村创建培育村。当时的心情就是中奖了，中大奖了！接到创建任务后，我们村"两委"班子立即召开了班子会，统一了思想，凝聚了认识，我们这个村班子队伍，除了我，还有 3 名老同志，开玩笑地被称为"四大法王"，算上后备干部，正好也有 4 名年轻的同志，绰号"四大金刚"。那次会上，我就说了，这次创建工作，必须成功，既是我们老同志的圆满收官，也是新同志的开山之作，这是我的梦想，更是我们赋石人的梦想。

走近梦想

我们结合自身找准定位，牢固树立"全域景区"的理念，突出赋石村"绿水青山绕白云、茂林修竹掩人间"的景观格局和"十里渔村"的品牌形象，委托编制三大规划方案，按照"一心（景区建设核心）、二业（农业＋乡村旅游）、三路（绿水之路、青山之路、田园之路）、四地（党建示范基地、科普教育基地、户外运动基地、摄影写生基地）、多节点"的规划布局，切实做好文旅融合文章，以文化创意为支点，沿西溪旅游环线，打造以幸福渠、守望坪、清风桥、牛王坝、芦苇滩、石龙潭、傅云轩、状元桥、天赋湖、渔溪庄为节点的西溪十景，构建池鱼府、"两山"画舫、西溪书斋等文化基地，建设成一个集休闲旅游、生态观光、渔文化体验为一体的，充满山里渔村特色的休闲生态型"美丽乡村"。

讲起来容易，做起来可没那么简单！大家现在看到的赋石村是焕然一新的，而我们也经历了脱胎换骨！在创建过程中，我和我的老搭档杜培生主任负责总牵头，4个新同志各自包干一块建设任务，我们村监委胡道珍胡主任负责把好工程监管和资金使用，陈月英同志负责做好后勤保障。就这样，我们这个"金刚法王"战队开始了风雨兼程、攻坚克难、同心协力的两年创建之路。创建从何做起，我们也摸不着头绪，但多年的经验告诉我们，从群众的迫切需求入手，从村庄的长远发展入手肯定错不了。我们通过召开村民代表大会讨论研究，商议决定实施三大精品工程，分别是交通畅通工程投资 500 万元，建成清风桥、彩虹桥两座桥，拓宽并黑色化进村主干道和旅游绿道；景点建设工程投资 800 万元，建成西溪河滨公园、金家坎公园两座公园以及一批节点设施；美丽宜居工程投资 1000 万元，清退污染企业，拆除破旧农房，实施立面改造，完成"五线"下地工作，等等。

追逐梦想

在创建的过程中，我们不断走访农户，收集建议，在一次夜访中，村里那位经常出门参加老年旅游团的阿姐说，我们这里比外面的有的收费的景点还要漂亮。这让一直只知道"建设、建设"的我们恍然大悟，精品示范村就是为乡村经营搭好台子，与其分两步走，不如两条腿一起迈。虽然任务重些，但我们很快就统一了认识，必须要走乡村经营的路子，争当"两山"转化的示范，把我们优质的绿水青山变成现实中的金山银山。我们一边抓紧搞建设，一边抓紧做经营。越来越美的环境调动了老百姓，自发地想把自己闲置的房屋经营起来，热情很高，我们看到了这么好的形势，一合计，立马就照着天台县后岸村的农家乐管理模式，出台了《赋石农家乐管理办法》，对新开的鱼馆每桌补助 500 元，新开的民宿每间房补助 2000 元。同时成立了安吉赋石旅游开发有限公司，统筹运营赋石村的鱼馆和民宿，为村民创办农家乐提供特色化布局规划、个性化装修设计和标准化业务指导。明年还要开展统一宣传营销、统一分配客源、统一服务标准、统一内部管理。现已签约鱼馆 5 家、民宿 8 家。我们公司全力打造的以渔文化为特色的池鱼府已经试营业一个星期了，在此，我也打个广告，在座的各位领导马上就过年了，年夜饭还没有安排的，建议就放在我们池鱼府，我们的船头鱼是正宗赋石水库的，我们赋石的夜晚也一定让您的家人流连忘返，价格肯定比县城的大酒店便宜多了。对了，如果明年，各单位有外地考察团接待，也一定记得把我们赋石排上线路，我们公司一定会以最优质的服务、最实惠的价格，让考察团满意而归。过完年，我老程就和老杜来拜访各单位对接业务！

除了美丽外表，我们更注重丰富的内涵。赋石的内涵必须从水和鱼挖起，划竹筏、吃船头鱼都是我们赋石的特色，怎样才能把特色打造成品牌？今年6月3日我们举办了安吉县首届龙舟赛和鱼王争霸赛，世界冠军许亚萍亲临现场，为龙舟点睛，品尝鱼之宴。当天来观赛的群众来自四面八方，远远超出了我们的预期，移动网络都瘫痪了，朋友圈都发不出了，我们第一次感受到文旅融合产生的巨大吸引力和震撼力。除了自身挖掘，我们还不断探索，我们携手世界蹦床冠军黄拥军，联合打造大王山下"五峰山"户外运动基地；牵手安吉冬泳协会，落户比赛训练基地；举办孝子宴，建成餐饮和文化紧密结合的渔文化展示馆；开辟守望坪、赋石山居、赋石公园3处露营基地，躺在星空帐篷下，听虫鸣鱼欢。全面打响赛龙舟、品鱼宴和宿帐篷这三张金名片。

村企合作，优势互补。我们这个刚成立的公司与君澜度假村、五峰山集团、中山国际旅行社、浙江汇宇生态农业建立了战略合作关系，充分发挥企业有客源、有经营人才和经营理念的优势，弥补乡村运营能力不足，避免了建设与运营"两张皮"的现象。村企合作的经营模式，既让外来投资项目产生了效益，又增加了村集体收入，还为下一步景区建设带来了客源和人气。

　　我们在推开一扇窗，向外伸手借力的同时，也把家里的灯点亮了，看看我们自己有什么。我们成立了富林毛竹专业合作社，流转毛竹山 4000 亩，农户 104 户，实行统一经营、按股分红。每年为村集体增收 30 万元，林农收入增收 10％。

执着梦想

　　创建难不难？创建真的很难。有人问我，你这村干部都快收尾了，还这么大刀阔斧搞建设，图个啥？你们说图啥？我们村里的浙北第一渠"赋石渠道"，自 1976 年动工，前后历经 10 年，共计投工 300 多万工日，总长 43.2 公里。这是安吉当时最大的水利工程，也是唯一凭借县里自身技术力量，自主勘测设计，自主组织施工的中型引水工程。在那个技术、物资、机械设备都极为匮乏的年代，没有现代仪器，勘察设计全靠人工翻山越岭，一路披荆斩棘；没有经验可做借鉴，靠着摸爬滚打；没有先进的机械设备，开山打隧道全靠人工。日复一日，一里一里去建设，一段一段去攻克，才有了今日安吉的"红旗渠"。他们图啥？正是这种"红旗渠"精神滋润了我们一代又一代的赋石人。我们一定要继承发扬好这种精神，干好眼前事业，干在前头、干在实处。我们的党小组长和村民小组长发挥好骨干作用，积极参与创建的政策处理、宣传发动。党员发挥模范作用，带头落实政策处理，义务投工投劳，不拿一分工资报酬。我们的团员、妇女抓好志愿者服务、美丽村落、美丽家庭创建等。在全村形成了支部看书记、党员看支部、群众看党员的浓厚氛围。我们成立乡贤议事会，广泛征求民意，重大事项、重大支出全部通过村民代表大会表决。严格执行财务制度、加强村务管理，村监委做到对各项村级事务、财务的全面监督。我们管得这么严，抓得这么紧，就是要坚决杜绝示范村没搞成，村干部先倒下。否则，再美的风景，都有了缺憾！

精品示范村重在"精"字，村庄要精致，我们要精明，打好算盘。先后争取到了县移民项目、水环境优美村项目、壮大集体经济项目等项目配套资金600万元。同时把做大村集体经营性资产作为创建工作的重点，在投入中找效益，先后建成游客服务中心、池鱼府、西溪书斋、"两山"画舫、渔文化展示馆、民宿民房6处经营性资产，经营性资产比上一年增加了570多万元。光是盘活闲置资产两处，每年就可增加集体收入10多万元。说到这，我们"四大法王"都很欣慰，也很骄傲，不能说是打下的江山，但是确实给我们年轻的后生夯实了基础，可以让他们站得更高，今后带领我们赋石村发展得更好。

通过精品示范村创建，我们老同志做好了"传帮带"，我们年轻同志也得到了锻炼。我们杜主任今年也67岁了，我们从1985年开始搭档，一起走过了将近35年的时间，我们两个人在一起的时间比跟家里老婆孩子在一起的时间都多。这两年他对村里大大小小的工程如数家珍，什么工程在什么时候该完成，他都了如指掌，工程上遇到困难，新同志解决不了，都是他亲自带着攻坚破难，保障了工程顺利完成。大家刚才一路走来看到大石头上的红字，都是他亲自一笔一笔描红的，还有我们村委门口的停车位，由于数量比较少，施工队不愿意过来，是他自己做模板，买油漆喷出来的。他既能抓大，也能抓小，整天乐呵呵，干活不计较，我们联村领导经常夸他是我们的"定心丸"，看到他，就看到满满的正能量，满满的自信心，还有满满的惊喜。我们的胡道珍和陈月英同志都是 50 多岁的老同志，孙子外孙都上小学了。为了保证我们龙舟赛的特色礼品"鱼粽子"纯正地道又新鲜可口，她们在比赛前一天晚上熬夜制作、煮熟，第二天包装，给前来参赛的队员和宾客带去了舌尖上的美味！这两位老搭档也和老杜一样，和我共事了几十年，就像一家人一样，我们红过脸、斗过嘴，但都是为了让工作越干越好。我们的刘斌同志脑子活得很，在递铺的迎宾大道上开了地暖店，就是那个霍什么尔的，一年营业额要做四五百万元！按理说，这么好的事业放在那，哪还会有心思在村里啊。大家可能不知道，他是我们村的后备干部，我们每个月只发 3500元，其他啥都没有。但是我们创建以来，刘斌同志几乎没有请过假，跑部门、跑企业、跑政府，交代给他的任务，从来不打折扣！可能在座的领导，看到他都有些面熟。就是这个把村里的事业看得比自己的事业还重要的小年轻，东奔西走，帮助村里完成了一项又一项工作。原先村里工程少，都是老杜一人抓的，这两年工程多了起来，老杜抓工程统筹，我们刘凡、周俊磊同志抓具体，从设计、招标、到监管，再到做好资料申报项目，整个流程清清楚楚，抓质量也都很有办法，跟包工头打交道，套路都比老杜还熟练了，连老杜都给他们点赞了。不管寒冬酷暑，他们都风里来、雨里去，刚刚结了婚没几年的小伙子都晒黑了、沧桑了，他们老婆不心疼，我都有点心疼了！我们汤晓曼同志，一个小姑娘，这些天，天天在村里加班到深夜，没有一句抱怨，无论什么时候，都会给我们一个灿烂的微笑。全村的老百姓也都非常支持我们的工作，给予了我们充分的理解和大力的支持。让我们坚信，一切都很好！这都是因为"红渠精神"的传递，结出了累累硕果。

回首这两年，我心中有感悟，更有感激！上一次换届，我们"四大法王"其实都已经过了退休的年龄，受全村父老乡亲的信任和嘱托，我们带着后生晚辈又干了一届。正遇上了美丽乡村精品示范村创建这么好的机遇，我们都铆足了劲，拼了老命，一定要把我们赋石的美丽乡村建设好！这是我和我们献给赋石老百姓，包括我们自己最后的、也是最大的一份礼物。也是给那个43年前的我，初心和使命最好的交代！

展望未来，我们将继续抓住项目"牛鼻子"，走好"绿水青山就是金山银山"之路。围绕"十里渔村"主题，做好与五峰山深度合作，建好户外运动基地、滑翔赛基地、龙舟赛基地，形成赋石"水陆空"一体、四季不间断的"运动＋旅游＋休闲"的功能布局；继续做好乡村经营的大文章，做强安吉赋石旅游开发有限公司，探索"草根众筹"模式，将农户闲散资金和资源整合到一起，在招商、旅游推广等项目中实现合作。牢固树立文化品牌意识，完善"十里渔村"文化阵地设施配套，创新文化传播载体，力争把赋石村打造成全镇乃至全县最美景区村庄。

两年时间，栉风沐雨，收获满满。这使我一生努力、毕生最大的梦想得以圆满收官，但我知道，我们赋石的大戏才刚刚拉开帷幕！谢谢今天，今天给了我们更高的起点，期待明天，明天将会是更广的天空。诗里画里，赋石等你！在座的各位，这么多天，风雨兼程，不辞辛苦，你们是否也在等待赋石，我相信，今天的赋石没有辜负！

谢谢大家！

后　记

　　乡村振兴是中国经济社会发展到今天的时代需求，是历史的必然。党的十九大把乡村振兴作为国家战略，城市反哺乡村的时代真正开始了。这对中国广大的乡村和乡村工作者来说就是一场饕餮盛宴，是一次千载难逢的机遇。安吉县美丽乡村建设其实就是乡村振兴的探索和实践，这里的县、乡、村三级干部已经充分体验到其中的苦与乐，更多的是幸福与甘甜。就我来说，亲历了这么多年的美丽乡村建设，最难忘的，还是一批又一批最可爱的领导和一线"三农"干部们，尤其是这批示范村的书记们。

　　第一轮创建时，时任县委书记唐中祥，亲自倡导、亲自推动美丽乡村建设，几乎每周要听汇报、要看现场，每月亲自参加现场会；当时，他给我们印象最深的一句话就是："我们要通过建设'中国美丽乡村'，实现弯道超越！"时任县委副书记王树、副县长叶海珍、农办主任黄先国等把主要精力都放在了推动美丽乡村建设上。良好的氛围就这样逐渐形成。

　　2016 年底，县委书记沈铭权提出，我们要不断巩固和深化美丽乡村建设，把安吉打造成为中国最美县域。

我主抓美丽乡村工作时经历的两任县委副书记陆为民、赵德清，两任农办主任邱竞明、吴婉芳，有事没事经常下村指导工作，但从不干预我的工作，总是对镇村干部和部门领导说：美丽乡村的事，你们听任强军的！

县农办新农村建设指导科李建科长，总是整个行政中心最忙的人，他下村指导检查工作时，会对着乡镇党委书记吼：我看你们乡镇党委、政府就是不够重视，再这么下去肯定垫底！领导夸他和农办美丽乡村长效管理办主任喻凯：一个人干了一个部门的活。

递铺街道党委副书记李培祥，带着 20 多位镇干部帮助鲁家村工作大半年，经常开会到深夜，有一次心脏病发作，被连夜送往杭州抢救。街道分管领导潘黎明，总是忙碌在一线，大喊大叫，每次在现场，总是用沙哑的喉咙兴奋地向我汇报工作，他对创建村的每一项工作都清清楚楚。

灵峰街道总工程师朱建东，癌症晚期，入院以前还要拉着我去大竹园村指导工作，考核验收前一天还从医院溜出来，冒着严寒在村内巡查。去世之前他还念念不忘自己指导打造的 3 个示范村。这 3 个村分别获得了 2015 年、2016 年、2017 年全县考核第一名。

水利局总工程师谷红卫，拖着肝癌晚期的身体，去世前一周，还在病床上审核 3 个村庄"美丽河道"的规划设计方案。

南北湖村杨贵全书记，示范村验收前一天，母亲去世了，乡亲们找到他时，他还在现场检查工作，居然没能送送老人家。

其实，那时他已经不当书记了，但他一直牵挂着创建工作。考核验收汇报会上，村主任李爱琴汇报时一直泣不成声，竟说不出一句完整的话。

唐舍村梅明星书记，戴着墨镜参加现场会，我问他怎么了，他说招引了一个好项目，一直在做村民工作搞政策处理，快 6 个月了，每天熬夜到深夜，眼睛熬坏了。然后他还开心地说：快完成了。

大竹村刘林书记，30 多岁的人，2018 年创建时，就短短的几个月时间，一头黑发居然白了一大半。验收汇报时，他说的却都是别的同志的感人故事，声泪俱下。

鲁家村裘丽琴主任，高禹村李更正书记都患了腮腺瘤，都是手术不久，或者刚做完化疗回来，就都像没事人一样马上回到工作岗位，和正常人一样没日没夜地干。

高禹村李更正书记，双一村朱学星书记，横溪坞村裘松伟书记，唐舍村梅明星书记等，带着我们在村里踏看的过程中，常有村里的老人会拉着他们的手，把他们让到家中，像看自己的孩子一样看着他们，问：吃饭了没有？说：你们做得真好！

2012 年，鲁家村初次创建，村里没钱，朱仁斌书记自己贷款为村里解决资金问题。2015 年，鲁家村创示范村，下半年是建设的关键期，几乎天天下雨，鲁家村工程量大，村民们每天穿胶鞋淌泥浆进出家门，苦不堪言，但看到镇、村干部一直辛辛苦苦地为村里工作，村民们从来没有一句怨言，零投诉、零上访。

黄杜村复评第一年，被降级了，村书记盛阿伟跑到我办公室说：今年工作没做好，村庄真的没进步，向您检讨。不过您放心，我们明年好好努力，一定翻过来！其实我知道，这一年，他生病，住了大半年医院。

鹤鹿溪村李升阳书记，一年创建下来，瘦了近30斤。长潭村朱雪慧、高山村蒋富珍、白水湾村游如珍、桐杭村潘佩琴4位女书记，一年创建下来每个人都瘦了一圈、黑了一层。还开心地对我说：创建好，减肥！

大里村应忠东书记，早年担任过村主任，后因为业绩不明显而落选，改任村支部副书记后仍孜孜不倦于村务工作，不断加强学习，提高水平，终于重新获得村民和党员认同担任村书记，不仅带领村民成功创建精品示范村，还带动指导隔壁的船村创成示范村。

报福镇人大主席戴开林，得知他们的中张村考核得分远超分数线，却惨遭末位淘汰时，带着哭腔给我打电话：我们接受这个事实，但你们以后真的不能再做这么残酷的事了，村里不容易啊！

天荒坪镇人大主席盛文明，五鹤村迎接考核验收时，他早早地等在村里。等考核组到达时，漫天大雪已经下了两个小时了，整个村庄白茫茫一片。他捶胸顿足：你们早来两小时就好了，我们五鹤村多漂亮哦，跟原来比那是一个天一个地了，可惜现在都看不见了！

孝丰镇人大原主席梁跃平，从领导岗位退下来后，受镇党委重托，驻点4个月，帮助大竹村创建，吃了几箱方便面，也不吃村里一口饭。其实，他回到镇政府食堂吃饭只需要20分钟，但就是感觉没时间。

郌吴村考核验收时，考核组惊讶地发现，一家农户从三楼悬下两块条幅："美丽乡村好""感谢共产党"！镇村干部连连解释说：这不是我们安排的，这都挂了快一个月了，您看这颜色，都已经褪了不少了！这都是村民的心里话！

这样的故事还有很多很多。其实，每一个示范村的创建故事都可以写成一部报告文学。

过程很艰辛，结果很开心。

写到这里，该搁笔了。还想和读者交流的是，和全国各地一样，安吉的乡村振兴工作也是刚刚起步，最多是早走了一步。我把我们的做法、已经取得的成绩和经验体会，甚至是经历过的沟沟坎坎都告诉大家，无非是想做一块铺路石，希望对大家的工作有所帮助。乡村振兴是一项伟大的持久的战略工程，大家都在路上，安吉县域内的村庄发展也不平衡，即使已经取得一些成绩的村庄也还是存在各种各样的困难和问题，需要我们持之以恒地共同努力。我们相信，乡村振兴会有时，虽然功成不一定在我，但功成必定有我！

感谢在我的写作过程中给予过大量指导和帮助的领导、专家、老师和同事们！

谨以此书献给苦乐与共追逐梦想的美丽乡村建设者！

任强军

2020 年元月于伴花山宿

图书在版编目（CIP）数据

探路乡村振兴 ：解读美丽乡村"安吉模式" / 任强
军著． --杭州 ：浙江人民出版社，2020.5（2024.12重印）

ISBN 978-7-213-09704-1

Ⅰ．①探… Ⅱ．①任… Ⅲ．①农村-社会主义建
设-研究-安吉县 Ⅳ.①F327.554

中国版本图书馆 CIP 数据核字（2020）第 048986 号

探路乡村振兴

——解读美丽乡村"安吉模式"

任强军 著

出版发行：浙江人民出版社（杭州市环城北路 177 号 邮编 310006）

市场部电话：(0571)85061682 85176516

责任编辑：陈 源

责任校对：姚建国

责任印务：幸天骄

封面设计：厉 琳

电脑制版：杭州大漠照排印刷有限公司

印 刷：浙江新华印刷技术有限公司

开 本：710毫米×1000毫米 1/16 印 张：12.5

字 数：114千字 插 页：5

版 次：2020年5月第1版 印 次：2024年12月第5次印刷

书 号：ISBN 978-7-213-09704-1

定 价：58.00元

如发现印装质量问题,影响阅读,请与市场部联系调换。